主　编　曾海军　李秋莎
副主编　吴　瑶　赵　玫　王羿龍

古代漢語

四川大學出版社
SICHUAN UNIVERSITY PRESS

凡 例

一、本教材爲高校哲學系本科"古代漢語"課程而編纂，分人文、節烈、爲學、文史、經傳五個單元，每單元各取五、六篇文章作爲課文。單元與課文以"對古典的發現與復歸"爲編次線索：既是時間由近到遠，文字由易到難的復歸，也是讀者因人文而觸動，因節烈而慷慨，思索學問路途，最終由文史回到經籍的復歸。

二、本教材每篇課文包含題解、正文疏釋、課後習題與延伸閱讀四部分。基于哲學專業的特殊需求，課文僅以推求作者之意爲目的，對文句作必要的疏釋。教材另設"字詞訓釋""章句疏通""文獻檢索""名物考辨""學術寫作"五篇通論，對傳統文史知識與學術寫作技巧作簡要介紹，供讀者瞭解。

三、課文題目與作者不加書名號、專名號。爲表敬重，課文作者均稱常見號、諡，不直稱姓名。例如：

梁任公、張蒼水、朱子、韓文公、杜工部。

四、題解簡要介紹作者生平、志業及文章背景、主旨。一篇課文內（包括題解、正文疏釋、課後習題及延伸閱讀），同一年號僅首次出現時附西元。

五、正文疏釋以揭明文義爲目的，參酌前賢註疏，不盡同于常訓；疏通文句所補入內容，以括號標註；注釋地名，舉今省市。

　　例如：道：猶路，天下所共循由的事物當然之理。（參酌朱子論語學而「就有道而正焉」集註及中庸「率性之謂道」章句。）

　　大有事在：有大量事情在這裡（需要去做）。

　　京，鄭邑名，今河南滎陽境內。

　　六、課後習題以溫習文義、啓發思索爲目的；延伸閱讀材料可與課文相參酌，供教師斟酌取用，也供有餘力的同學自學。

目　錄

一、人文
海寧王先生之碑銘 …………………… 陳寅恪（3）
静庵文集續編　自序二 ………………… 王觀堂（8）
學與術（節錄）………………………… 梁任公（12）
乙丙之際箸議第九 ……………………… 龔定盦（17）
水滸傳　序一（節錄）………………… 金聖嘆（21）
通論一　字詞訓釋………………………………（27）

二、節烈
日知録　正始…………………………… 顧亭林（47）
李陵論　刺叛臣洪承疇 ………………… 張蒼水（54）
復清多爾袞書 …………………………… 史道鄰（59）
登西臺慟哭記 …………………………… 謝皋羽（65）
正氣歌　并序 …………………………… 文文山（69）
通論二　章句疏通………………………………（73）

三、爲學
杜詩學引 ………………………………… 元遺山（89）
滄洲精舍論學者　又論學者 …………… 朱　子（94）

顏子所好何學論 ………………… 程伊川（99）

　　答韋中立論師道書 ……………… 柳柳州（105）

　　進學解 …………………………… 韓文公（112）

　　通論三　文獻檢索 ……………………（118）

四、文史

　　自京赴奉先縣詠懷五百字 ……… 杜工部（147）

　　史通（節錄） …………………… 劉知幾（152）

　　文選序 …………………………… 蕭　統（158）

　　史記　太史公讚語（節錄） …… 太史公（165）

　　莊子　天下（節錄） ……………………（175）

　　通論四　名物考辨 ……………………（180）

五、經傳

　　鄭伯克段于鄢 …………………………（231）

　　禮記　樂記（節錄） …………………（238）

　　禮記　儒行（節錄） …………………（243）

　　詩大序 …………………………………（247）

　　尚書序 …………………………………（251）

　　易序 ……………………………………（256）

　　通論五　學術寫作 ……………………（259）

一、人文

海寧王先生之碑銘[①]

陳寅恪

【題解】

　　陳寅恪，清德宗光緒十六年（1890）—1969，字鶴壽。現代著名歷史學家、語言學家、古典文學家，精通多種語言文字，被譽爲"中國最博學之人"。代表作有柳如是別傳、隋唐制度淵源略論稿、元白詩箋證稿等，今悉數收入陳寅恪集。

　　1927年6月2日上午，著名學者王靜安先生告別清華園，至頤和園內魚藻軒前，自沉于昆明湖，文化界大爲震動。王靜安先生自溺之緣由，有"殉清説""逼債説""性格悲劇説""文化衰落説"等，至今爭論不休。其後，清華師生提議由陳寅恪先生爲之撰寫碑銘，以繫哀思，以告來者。

[①] 本文按清華大學王觀堂先生紀念碑銘校對，金明館叢稿二編，北京：三聯書店，2001年，第246頁。與陳寅恪先生全集中王靜安先生紀念碑記相參，出入頗多，如："同人感懷哀思，不能自已"，"尤思有以係其念。僉曰：宜銘之貞珉，以照示于無竟"，"蓋將來脫心知于俗諦之桎梏真理，因得以發揚思想，而不自由毋寧死耳！"餘者不一一枚舉。臺北：里仁書局，1979年，第1439頁。

海寧①王先生②自沉後二年，清華研究院同人③咸④懷思不能自已⑤。其弟子受先生之陶冶煦育⑥者有年，尤思有以永其念。僉⑦曰：宜銘⑧之貞珉⑨，以昭示于無竟⑩。因以刻石之詞命⑪寅恪，數辭⑫不獲⑬已，謹舉先生之志事，以普告天下後世。其詞曰：士之讀書治學，蓋將以脫心志于俗諦⑭之桎梏⑮，真理因得以發揚。思想而不自由，毋寧⑯死耳⑰。斯⑱古今仁聖⑲所同殉之精義，夫豈庸鄙⑳之敢望。先生以一死見其獨立自由之意志，非

---

① 海寧：浙江省海寧州，今浙江省海寧市。
② 王先生：名國維，字靜安，近現代著名文學家、哲學家，代表作有人間詞話、殷周制度論等。
③ 同人：舊時對同事的稱呼。又作"同仁"。
④ 咸：皆、悉。
⑤ 已：止、畢。
⑥ 煦（xù）育：撫育。
⑦ 僉（qiān）：皆。
⑧ 銘：鑄、刻。
⑨ 貞珉（mín）：石刻碑銘。
⑩ 無竟：無窮。
⑪ 命：指派。
⑫ 辭：推辭。
⑬ 不獲：不得。
⑭ 俗諦：佛教語，指依事物現象而闡發的爲世人所理解的道理，引申爲淺陋的認知。
⑮ 桎梏（zhì gù）：腳鐐和手銬，引申爲制約、束縛之意。
⑯ 毋寧（wú nìng）：不如。
⑰ 耳：助語辭。
⑱ 斯：此，指前文"思想而不自由"。
⑲ 仁聖：仁人、聖人。
⑳ 庸鄙：平庸鄙俗之人。

所論于一人之恩怨，一姓①之興亡。嗚呼！樹茲②石于講舍③，繫④哀思而不忘。表哲人之奇節⑤，訴⑥真宰⑦之茫茫⑧。來世不可知者也。先生之著述，或有時而不章⑨。先生之學說，或有時而可商⑩。惟此獨立之精神，自由之思想，歷千萬祀⑪，與天壤⑫而同久，共三光⑬而永光。

課後習題

一、請談談你對王靜安先生之死的理解。
二、請談談你對"獨立之精神，自由之思想"的理解。

一、人文

---

① 一姓：一家、一朝。
② 茲（zī）：此。
③ 講舍：學堂。
④ 繫（xì）：繫懷，挂念。
⑤ 奇節：偉大的操守。
⑥ 訴：傾述，敘述。
⑦ 真宰：宇宙的主宰。
⑧ 茫茫：無邊遼闊。
⑨ 章：明。
⑩ 商：商榷。
⑪ 祀（sì）：年。
⑫ 天壤（rǎng）：天地。
⑬ 三光：語出白虎通封公侯"天有三光日月星，地有三形高下平"，即日月星的總稱。

延伸閱讀

讀吳其昌撰梁啓超傳書後（節錄）①

陳寅恪

　　任公先生高文博學，近世所罕見。然論者每惜其與中國五十年腐惡之政治不能絕緣，以爲先生之不幸。是說也，余竊疑之。嘗讀元明舊史，見劉藏春、姚逃虛皆以世外閑身而與人家國事。況先生少爲儒家之學，本董生國身通一之旨，慕伊尹天民先覺之任，其不能與當時腐惡之政治絕緣，勢不得不然。憶洪憲稱帝之日，余適旅居舊都，其時頌美袁氏功德者，極醜怪之奇觀。深感廉恥道盡，至爲痛心。至如國體之爲君主抑或民主，則尚爲其次者。迨先生"異哉所謂國體問題者"一文出，摧陷廓清，如撥雲霧而覲青天。然先生不能與近世政治絕緣者，實有不獲已之故。此則中國之不幸，非獨先生之不幸也。又何病焉？……

　　自戊戌政變後十餘年，而中國始開國會，其紛亂妄謬，爲天下指笑，新會所嘗目覩，亦助當政者發令而解散之矣。自新會歿，又十餘年，中日戰起，九縣三精，飆回霧塞，而所謂民主政治之論，復甚囂塵上。余少喜臨川新法之新，而老同涑水迂叟之迂。蓋驗以人心之厚薄，民生之榮悴，則知五十年來，如車輪之逆轉，似有合于所謂退化論之說者。是以論學論治，迥異時流，而迫于時勢，噤不得發。因讀此傳，略書數語，付稚女美延藏

---

① 本文校對本出自寒柳堂集，上海：上海古籍出版社，1980年，第148—150頁。

之。美延當知乃翁此時悲往事，思來者，其憂傷苦痛，不僅如陸務觀所云，以元祐黨家話貞元朝士之感已也。乙酉（1945）孟夏青園病叟陳寅恪書。

一、人文

静庵文集續編 自序二[①]

王觀堂

【題解】

王觀堂，清德宗光緒三年（1877）—民國十六年（1927），名國維，字靜安，初號禮堂，晚號觀堂，謚忠愨。研究中國戲曲、詞曲、古文字學、古器物學，以及甲骨金文、齊魯封泥、漢魏碑刻、殷周秦漢古史和蒙古史等。代表作有人間詞話、殷周制度論等，最爲人所熟知的是其提出的"三境界"説。

靜庵文集是王觀堂先生親自編訂的作品集，其在自序中論述了自己對哲學、哲學史、文學等的看法，並闡明了研究意圖及緣由。

余疲于哲學有日矣。哲學上之説，大都可愛者不可信，可信者不可愛。余知真理，而余又愛其謬誤。偉大之形而上學，高嚴之倫理學，與純粹之美學，此吾人所酷嗜也。然求其可信者，則寧在知識論上之實證論、倫理學上之快樂論與美學上之經驗論。知其可信而不能愛，覺其可愛而不能信，此近二三年中最大之煩

[①] 本文按靜庵文集續編自序二校對，王國維遺書第五册，上海：上海書店出版社，1983年，第21—24頁。

悶，而近日之嗜好所以漸由哲學而移于文學，而欲于其中求直接之慰藉者也。要之，余之性質①，欲爲哲學家，則感情苦多而知力苦寡；欲爲詩人，則又苦感情寡而理性多。詩歌乎？哲學乎？他日以何者終吾身，所不敢知，抑在二者之間乎？

今日之哲學界，自赫爾德曼②以後，未有敢立一家系統者也。居今日而欲自立一新系統、自創一新哲學，非愚則狂也。近二十年之哲學家，如德之芬德③，英之斯賓塞爾④，但彙集⑤科學之結果，或古人之説而綜合之、修正之耳，此皆第二流之作者，又皆所謂可信而不可愛者也。此所謂哲學家，則實哲學史家耳。以余之力，加之以學問，以研究哲學史，或可操成功之券。然爲哲學家，則不能；爲哲學史，則又不喜，此亦疲于哲學之一原因也。

近年嗜好之移于文學亦有由⑥焉，則填詞之成功是也。余之于詞，雖所作尚不及百闋⑦，然自南宋以後，除一二人外，尚未有能及余者。則平日之所自信也，雖比之五代、北宋之大詞人余愧有所不如，然此等詞人亦未始無不及余之處。因詞之成功而有志于戲曲，此亦近日之奢願也。然詞之于戲曲，一抒情一敘事，

---

① 性質：秉性、資質。
② 赫爾德曼：十九世紀初德國哲學家，代表作有論語言的起源、人類歷史哲學觀念綱要等。
③ 芬德：威廉·馮特，十九世紀德國理學家、心理學家、哲學家，是公認的實驗心理學之父，代表作有生理心理學原理、民族心理學等。
④ 斯賓塞爾：赫伯特·斯賓塞，十九世紀末英國哲學家、社會學家、教育家，被稱爲社會達爾文主義之父，代表作有社會靜力學、社會靜態論、人口理論等。
⑤ 彙（huì）集：聚集。
⑥ 由：緣由。
⑦ 闋（què）：量詞，歌或詞一首叫一闋。

其性質既異，其難易又殊①，又何敢因前者之成功而遽②冀③後者乎？但余所以有志于戲曲者，又自有故。吾中國文學之最不振者，莫戲曲若④，元之雜劇，明之傳奇，存于今日者，尚以百數，其中之文字雖有佳者，然其理想及結構雖欲不謂至幼稚至拙劣，不可得也。國朝⑤之作者，雖略有進步，然比諸西洋之名劇，相去尚不能以道里⑥計，此余所以自忘其不敏⑦，而獨有志乎是也。然目與手不相謀，志與力不相副⑧，此又後人之通病。故他日能爲之與否所不敢知，至爲之而能成功與否，則愈不敢知矣。雖然，以余今日研究之日淺，而修養之力乏，而遽絕望于哲學及文學，毋乃⑨太早計乎？苟積畢生之力，安知于哲學上不有所得，而于文學上不終有成功之一日乎？即今一無成功，而得于局促之生活中，以思索玩賞爲消遣之法，以自逭⑩于聲色貨利之域，其益固已多矣。詩云："且以喜樂，且以永日。"⑪ 此吾輩才弱者之所有事也。若夫深湛之思，創造之力，苟一日集于余，躬則俟諸天之所爲歟！俟諸天之所爲歟！

---

① 殊：不同。
② 遽（jù）：急迫。
③ 冀：希望。
④ 莫戲曲若：賓語前置，莫若戲曲。
⑤ 國朝：舊時稱本朝爲國朝。
⑥ 道里：道路的里數。比喻差距。
⑦ 敏：聰穎。
⑧ 副：匹配。
⑨ 毋乃：莫非。
⑩ 逭（huàn）：逃也。
⑪ "且以喜樂，且以永日"：出自诗唐风山有枢，意即以此爲樂，方能度此長日。

課後習題

一、試析王觀堂的研究興趣爲何會轉向文學？

二、請談談你對"可愛者不可信，可信者不可愛"的理解。

延伸閱讀

汗德像贊[①]

人之最靈，厥維天官。外以接物，内用反觀。小知閒閒，敝帚是享。群言淆亂，孰正其枉。大疑潭潭，是糞是除。中道而反，喪其故居。篤生哲人，凱尼之堡。息彼衆喙，示我大道。觀外于空，觀内于時。諸果粲然，厥因之隨。凡此數者，知物之式。存于能知，不存于物。匪言之艱，證之維艱。雲霾解駁，秋山巉巉。赤日中天，燭彼窮陰。丹鳳在霄，百鳥皆喑。谷可如陵，山可爲藪。萬歲千秋，公名不朽。

---

① 本文按静庵文集續編自序二校對，見王國維遺書第五冊，第24頁。

學與術（節録）①

梁任公

【題解】

梁任公，清穆宗同治十二年（1873）—民國十八年（1929），名啓超，字卓如，一字任甫，號任公，又號飲冰室主人。師從康有爲，後發動"公車上書"，是戊戌變法的領袖之一。著有少年中國説、論近世國民競爭之大勢及中國前途、中國歷史研究法、中國近三百年學術史、李鴻章傳等，今大體收入飲冰室合集。

列強入侵、國勢衰微之際，在探討開啓民智以圖自強時，重視科學與技術成爲當時大勢。然而，梁任公對此"重術輕學"之思潮産生了質疑，1911 年 6 月 26 日，他於上海國風報刊登此文，闡明學與術的關係，以救時偏。

吾國向②以"學術"二字相連屬③爲一名辭④，惟漢書霍光傳贊，稱光不學無術，學與術對舉始此。近世泰西⑤學問大盛，學

---

① 本文所據校對本出自飲冰室文集之二十五（下），飲冰室合集第二册，北京：中華書局，第 11 頁。
② 向：從來，一向。
③ 連屬：連接，接續。
④ 名辭：詞語。
⑤ 泰西：猶極西，舊泛指西方國家。

者始將學與術之分野①，釐然②畫出，各勤厥③職，以前民用④。試語其概要：則學也者，觀察事物而發明其真理者也；術也者，取所發明之真理而致諸用者也。例如以石投水則沉，投以木則浮，觀察此事實，以證明水之有浮力，此物理也；應用此真理以駕駛船舶，則航海術也。研究人體之組織，辨別各器官之機能，此生理學也；應用此真理以療治疾病，則醫術也。學與術之區分及其相關係，凡百皆準此……

我國之敝⑤，其一則學與術相混，其二則學與術相離。學混于術，則往往爲一時私見所蔽⑥，不能忠實以考求原理原則；術混于學，則往往因一事偶然之成敗，而膠柱⑦以用諸他事。離術言學，故有如考據⑧帖括⑨之學，白首矻矻⑩，而絲毫不能爲世用也；離學言術，故有如今之言新政者，徒襲取⑪他人之名稱，朝頒一章程，暮設一局所，曾不知其所應用者爲何原則，徒治絲而

一、人文

---

① 分野：分界。
② 釐然：有條理、分明。
③ 厥：代詞，其。
④ 以前民用：語出易繫辭上，即"先民而用之"。
⑤ 敝：衰敗、問題。
⑥ 蔽：蒙蔽。
⑦ 膠柱：膠住瑟上的弦柱，以致不能調節音的高低，比喻固執拘泥、不知變通。
⑧ 考據：依據可靠資料對古代文物制度加以考核辨證、鑒明真僞的研究方法。
⑨ 帖括（tiě kuò）：唐代舉子把經書裏難記的句子編成歌訣，以便誦讀，稱爲"帖括"，後通指科舉文字。
⑩ 矻（kū）矻：勤勞不懈貌。
⑪ 襲取：沿用。

棼之①也。知我國之受敝②在是，則所以救敝者其必有道矣。

　　近十餘年來，不悅學之風，中于全國，並前此所謂無用之學者。今且絕響，吾無取更爲糾正矣。而當世名士之好談時務者，往往輕視學問，見人有援據③學理者，動斥爲書生之見。此大不可也。夫學者之職，本在發明原理原則以待人用耳。而用之與否，與夫某項原則宜適用于某時某事，此則存乎操術之人，必責治學者以兼之，甚無理也。然而操術者視學爲不足輕重，則其不智亦甚矣！……夫空談學理者，猶飽讀兵書而不臨陣、死守醫書而不臨症，其不足恃，固④也。然坐是⑤而謂兵書、醫書之可廢，得乎？故吾甚望中年以上之士大夫現正立于社會上而擔任各要職者，稍分其繁忙之晷刻⑥，以從事乎與職務有關係之學科。吾豈欲勸人作博士哉？以爲非是則體用不備，而不學無術之譏，懼終不能免耳。

課後習題

一、簡述梁任公所論學與術的關係。

二、閱讀本文對今天你所從事的專業學習有何啟發？

---

① 治絲而棼之：語出左傳隱公四年："臣聞以德和民，不聞以亂。以亂，猶治絲而棼之也。"棼，紛亂。謂理絲綫不找頭緒，會越理越亂，比喻解決問題的方法不正確，使問題更加複雜。

② 受敝：遭受困擾。

③ 援據：援引依據。

④ 固：固然。

⑤ 坐是：因此。

⑥ 晷刻（guǐ kè）：日晷與刻漏，皆古代計時儀器，即時間短暫之意。

延伸閱讀一

論治學治事宜分二途[①]（節錄）

嚴　復

　　天下之人，強弱剛柔，千殊萬異，治學之材與治事之材，恆不能相兼。嘗有觀理極深，慮事極審，宏通淵粹，通貫百物之人，授之以事，未必即勝任而愉快。而彼任事之人，崛起草萊，乘時設施，往往合道，不必皆由于學。使強奈端以帶兵，不必能及拿破侖也；使畢士馬以治學，未必及達爾文也。惟其或不相侵，故能彼此相助。土蠻之國，其事極簡，而其人之治生也，則至繁，不分工也。國愈開化，則分工愈密，學問政治，至大之工，奈何其不分哉！今新立學堂，革官制，而必曰，學堂之學，與天下之官相應，則必其治學之材，幸而皆能治事則可，倘或不然，則用之而不效，則將疑其學之非，其甚者，則將謂此學之本無用，而維新之機礙，天下之事去矣。

　　然則將何爲而後可？曰：學成必予以名位，不如是不足以勸。而名位必分二途：有學問之名位，有政治之名位。學問之名位，所以予學成之人；政治之名位，所以予入仕之人。若有全才，可以兼及；若其否也，任取一途。如謂政治之名位，則有實任之可見，如今日之公卿百執事然，人自能貴而取之；學問之名位，既與仕宦不相涉，誰願之哉？則治學者不幾于無人乎？不知名位之稱，本無一定。農工商各業之中，莫不有專門之學。農工

[①]　據嚴復集第一冊校對，北京：中華書局，1986年，第88—89頁。

商之學人,多于入仕之學人,則國治;農工商之學人,少于入仕之學人,則國不治。野無遺賢之説,幸而爲空言,如其實焉,則天下大亂。今即任專門之學之人,自由于農、工、商之事,而國家優其體制,謹其保護,則專門之人才既有所歸,而民權之意亦寓焉。天下未有民權不重而國君能常存者也。治事之官,不過受其成而已,國家則計其效而尊辱之。如是,則政治之家亦有所憑依,以事逸而名榮,非兩得之道哉?且今日學校官制之大弊,實生于可坐言即可起行之一念耳。以坐言起行合爲一事,而責以人人能之。方其未仕,僅觀其言,即可信其能行;及其不能,則必以僞出之,而上不得已亦以僞應焉,而上下于是乎交困,天下古今,嘗有始事之初,不過一念之失,而其末也,則弊大形,極天下之力而不足挽回,此類也哉!

延伸閲讀二

梁啓超論學術之勢力左右世界,飲冰室文集之六,北京:中華書局,1989年。

梁啓超科學精神與東西文化,飲冰室文集之三十九,北京:中華書局,1989年。

乙丙之際箸議第九[1]

龔定盦

【題解】

龔定盦，清高宗乾隆五十七年（1792）—清宣宗道光二十一年（1841），名自珍，字璱人，号定盦（一作定庵）。晚清思想家、史學家和詩人。初承家學淵源，從文字、訓詁入手，後漸涉金石、目錄，泛及詩文、地理、經史百家。代表作有定盦文集、己亥雜詩。

龔定盦身處清末，在學問上，受春秋公羊學影響，主張"經世致用"，擬文往往以經通史，援史論今，具有批判精神。乙丙之際箸議是其青年時代所寫的一組政論文，本文是其中的一篇。"乙丙之際"指嘉慶二十、二十一年（1815—1816），"箸議"即論述之意。其運用"公羊三世說"，以人才的多寡和處境爲中心，慨嘆世道衰微、摧殘才士的情形。

吾聞深于《春秋》者，其論史也，曰：書契[2]以降，世有三

---

[1] 本文校對本出自尊隱——龔自珍集，沈陽：遼寧出版社，1994年，第23頁。括號內爲校對異文。
[2] 書契：易繫辭下："上古結繩而治，後世聖人易之以書契。"指文字。

等，三等之世，皆觀其才①；才之差，治世爲一等，亂世爲一等，衰世別爲一等。

衰世者，文類治世，名類治世，聲音笑貌類治世。黑白雜而五色②可廢也，似治世之太素；宮羽淆而五聲③可鑠④也，似治世之希聲；道路荒而畔岸隳⑤也，似治世之蕩蕩便便⑥；人心混混而無口過也，似治世之不議。左無才相⑦，右無才史，閫⑧無才將，庠序⑨無才士，隴⑩無才民，廛⑪無才工，衢⑫無才商，抑巷無才偷，市無才駔⑬，藪澤⑭無才盜。則非但鮮君子（也），抑小人甚鮮。當彼其世也，而才士與才民出，則百不才督之、縛之，以至于戮之。戮之非刀、非鋸、非水火，文亦戮之，名亦戮之，聲音笑貌亦戮之。戮之權不告于君、不告于大夫、不宣于司市⑮，君大夫亦不任受。其法亦不及要領，徒戮其心，戮其能憂心、能憤心、能思慮心、能作爲心、能有廉恥心、能無渣滓心。

---

① 才：人才。
② 五色：青、赤、黄、白、黑。
③ 五聲：指宮、商、角、徵、羽五音。
④ 鑠：說文："銷金也。"銷鎔之意。
⑤ 隳（huī）：毀壞。
⑥ 蕩蕩便便：尚書洪範："無偏無黨，王道蕩蕩；無黨無偏，王道平平。"平易之意。
⑦ 才相：有才能的宰相。
⑧ 閫（kǔn）：門檻、閫外。泛指邊疆。
⑨ 庠（xiáng）序：指學校。殷稱庠，周稱序。
⑩ 隴：通"壟"，田埂。
⑪ 廛（chán）：民居區域之稱。泛指城市。
⑫ 衢（qú）：說文："四達謂之衢。"街市之意。
⑬ 駔（zǎng）：好馬。又指馬販子。
⑭ 藪澤：猶淵藪。喻人或物薈聚之處。
⑮ 司市：官名。掌管市場治教政刑。

又非一日而戮之，乃以漸，或三歲而戮之，十年而戮之，百年而戮之。才者自度將見戮，則蚤夜號以求治；求治而不得，悖悍①者則蚤夜號以求亂。夫悖且悍，且睊②然瞠③然以思世之一便己，才不可問矣！向之倫④憩有辭⑤矣。然而起視其世，亂亦竟不遠矣。

是故智者受三千年史氏之書，則能以良史之憂憂天下。憂不才而庸，如其憂才而悖；憂不才而衆憐，如其憂才而衆畏。履霜之屩⑥，寒于堅冰；未雨之鳥，戚于飄搖；痹⑦之疾，殆于癰疽⑧；將萎之華，慘于槁木。三代神聖⑨，不忍薄譎⑩士、勇夫，而厚豢駑羸⑪。探世變也，聖之至也。

課後習題

一、試述本文中所論治世與衰世的異同。

二、請談談本文中人才受到了哪些殘害。

---

① 悖悍：悖，背叛。悍，強悍。指剛强反抗之人。
② 睊（juàn）：側目相視。
③ 瞠（tóng）：瞪眼相望。
④ 向（xiàng）之倫：向，不久以前。倫，輩。剛才那些人，指上文殘害人才的"百不才"者。
⑤ 憩有辭：就要振振有辭了。
⑥ 屩（juē）：說文："履也。"草鞋。
⑦ 痹（bì）瘵：指風濕病與肺病。
⑧ 殆于癰（yōng）疽（jū）：殆，危險。癰疽，大瘡。比紅腫潰爛的大瘡更危險之意。
⑨ 三代神聖：三代，夏、商、周。神聖，指三代聖王堯、舜、禹。
⑩ 譎：說文："權詐也。"
⑪ 厚豢（huàn）駑（nǔ）羸（léi）：豢，豢養。駑，無能之人。羸，衰弱之人。

延伸閱讀

己亥雜詩二首[①]

龔定盫

五

浩蕩離愁白日斜，吟鞭東指即天涯。
落紅不是無情物，化作春泥更護花。

一二五

九州生氣恃風雷，萬馬齊暗究可哀。
我勸天公重抖擻，不拘一格降人才。

---

① 據龔自珍己亥雜詩注校對，北京：中華書局，1980年，第5，176頁。

水滸傳 序一（節錄）①

金聖嘆

【題解】

金聖嘆，明神宗萬曆三十六年（1608）—清世祖順治十八年（1661），名采，字若采。一說原姓張，明亡後改名人瑞，字聖嘆。長于文學批評，對水滸傳、西廂記等書及諸唐詩皆有點評。肯定通俗文學，被推崇爲白話文學運動先驅。

現存的水滸傳序多達十四篇，其中，金聖嘆一人作三篇，在中國小說批評史上實屬罕見。其寫于明威宗崇禎十四年（1641），彼時金聖嘆三十三歲。三篇序是其點評水滸傳的大綱，因此不容忽視。序一篇幅最長，主要論述了聖人作六經之過程，以及其所理解的才子之書，實際上是對其所做評論工作之自道。

原夫書契之作，昔者聖人所以同民心而出治道也。其端肇②

---

① 本文據貫華堂第五才子書水滸傳上中的序言校對，金聖嘆全集一，南京：江蘇古籍出版社，第1-6頁。
② 肇：始也。

于結繩，而其盛殽①而爲六經②。其秉簡③載筆④者，則皆在聖人之位而又有其德者也。在聖人之位，則有其權；有聖人之德，則知其故。有其權而知其故，則得作而作，亦不得不作而作也。是故易者，導之使爲善也；禮者，坊⑤之不爲惡也；書者，縱以盡天運之變；詩者，衡以會人情之通也。故易之爲書，行也；禮之爲書，止也；書之爲書，可畏；詩之爲書，可樂也。故曰：易圓而禮方，書久而詩大。又曰：易不賞而民勸⑥，禮不怒而民避，書爲廟⑦外之几筵⑧，詩爲未朝之明堂⑨也。……有聖人之德，則知其故；知其故，則知易與書與詩與禮各有其一故，而不可以或廢也。有聖人之德而又在聖人之位，則有其權；有其權，而後作易，之後又欲作書，又欲作詩，又欲作禮，咸得奮筆而遂爲之，而人不得而議其罪也。無聖人之位，則無其權；無其權，而不免有作，此仲尼是也。仲尼無聖人之位，而有聖人之德；有聖人之德，則知其故；知其故，而不能已⑩于作，此春秋是也。顧⑪仲尼必曰："知我者，其惟春秋乎？罪我者，其惟春秋乎？"斯其故

---

① 殽：與"效"同。
② 六經：詩、書、禮、樂、易、春秋。
③ 秉簡：秉，持。簡，書簡。
④ 載筆：携帶文具以記録王事，借指史官。
⑤ 坊（fáng）：同"防"，防範。
⑥ 勸：勸勉。
⑦ 廟：朝廷。
⑧ 几筵（jǐ yán）：猶几席。周禮春官："司几筵，掌五几五席之名物，辨其用與其位。"
⑨ 明堂：古代天子舉行大典的地方。
⑩ 已：停止。
⑪ 顧：而。

何哉？"知我惟春秋"者，春秋一書，以天自處學易，以事繫①日學書，羅列與國學詩，揚善禁惡學禮。皆所謂有其德而知其故，知其故而不能已于作，不能已于作而遂兼四經之長，以合爲一書，則是未嘗作也。夫未嘗作者，仲尼之志也。"罪我惟春秋"者，古者非天子不考文，自仲尼以庶人作春秋，而後世巧言之徒，無不紛紛以作。紛紛以作既久，龐言②無所不有，君讀之而旁皇③于上，民讀之而惑亂于下，勢必至于拉雜燔燒④，禍連六經。夫仲尼非不知者，而終不已于作，是則仲尼所爲引罪自悲⑤者也。……曰：吾聞之，聖人之作書也以德，古人之作書也以才。知聖人之作書以德，則知六經皆聖人之糟粕⑥，讀者貴乎神而明之，而不得櫛⑦字句，以爲從事于經學也。知古人之作書以才，則知諸家皆鼓舞其菁華⑧，覽者急須搴裳⑨去之，而不得捃拾⑩齒牙以爲譚言之微中⑪也。于聖人之書而能神而明之者，吾知其而今而後始不敢于易之下作易傳，書之下作書傳，詩之下作詩傳，禮之下作禮傳，春秋之下作春秋傳也。何也？誠愧其德

一、人文

---

① 繫：聯綴。易繫辭釋文："繫，系也。"杜預春秋序："記事者，以事系日，以日系月，以月系時，以時系年，所以紀遠近，別同異也。"
② 龐言：拉雜的話。
③ 旁皇：亦作"旁遑"。
④ 拉雜燔燒：胡亂摧毀。
⑤ 引罪自悲：承認罪責而自感悲傷。
⑥ 糟粕：餘物。
⑦ 櫛（zhì）比：像梳齒那樣密密地排列。
⑧ 菁華：精華。
⑨ 搴（qiān）裳：提起衣裳。
⑩ 捃（jùn）拾：拾取，收集。
⑪ 譚言微中：説話隱微曲折而切中事理。

之不合，而懼章句之未安，皆當大拂①于聖人之心也。于諸家之書而誠能搴裳去之者，吾知其而今而後始不肯于莊之後作廣莊②，騷之後作續騷，史之後作後史，詩之後作擬詩，稗官③之後作新稗官也。何也？誠恥其才之不逮④，而徒唾沫之相襲，是真不免于古人之奴也。夫揚湯而不得冷，則不如且莫進薪；避影而影愈多，則不如教之勿趨也。惡人作書，而示之以聖人之德，與夫古人之才者，蓋爲遊于聖門者難爲言，觀于才子之林者難爲文，是亦止薪勿趨之道也。然聖人之德，實非夫人之能事；非夫人之能事，則非予小子⑤今日之所敢及也。彼古人之才，或猶夫人之能事；猶夫人之能事，則庶幾予小子不揣⑥之所得及也。夫古人之才也者，世不相延，人不相及。莊周有莊周之才，屈平有屈平之才，馬遷有馬遷之才，杜甫有杜甫之才，降而至于施耐庵有施耐庵之才，董解元⑦有董解元之才。才之爲言材也。凌雲蔽日⑧之姿，其初本于破核分荚；于破核分荚之時，具有凌雲蔽日之勢；于凌雲蔽日之時，不出破核分荚之勢，此所謂材之説也。又才之爲言裁也。有全錦在手，無全錦在目；無全衣在目，有全衣在心；見其領，知其袖；見其襟，知其帔⑨也。夫領則非袖，

---

① 拂：逆也。
② 廣莊：公安派領袖袁宏道援引儒、佛思想來解讀莊子的著作。
③ 稗（bài）官：漢書藝文志："小説家者流，蓋出于稗官。"顔師古注："稗官，小官。"
④ 逮：及。
⑤ 小子：晚生。
⑥ 不揣：猶言不自量。
⑦ 董解元：金代戲曲作家，被譽爲"北曲之祖"，有西廂記諸宮調行世。
⑧ 凌雲蔽日：高入雲霄以至遮蔽太陽。
⑨ 帔（pèi）：古代披在肩背上的服飾。

而襟則非帔，然左右相就，前後相合，離然各異，而宛然①共成者，此所謂裁之說也。今天下之人，徒知有才者始能構思，而不知古人用才乃繞乎構思以後；徒知有才者始能立局，而不知古人用才乃繞乎立局以後；徒知有才者始能琢句，而不知古人用才乃繞乎琢句以後；徒知有才者始能安字，而不知古人用才乃繞乎安字以後。此苟且與慎重之辯也。言有才始能構思、立局、琢句而安字者，此其人，外未嘗矜式②于珠玉，內未嘗經營于慘淡③。隤然④放筆，自以爲是，而不知彼之所爲才實非古人之所爲才，正是無法于手而又無恥于心之事也。言其才繞乎構思以前、構思以後，乃至繞乎布局、琢句、安字以前以後者，此其人，筆有左右，墨有正反；用左筆不安換右筆，用右筆不安換左筆；用正墨不現⑤換反墨，用反墨不現換正墨；心之所至，手亦至焉；心之所不至，手亦至焉；心之所不至，手亦不至焉。心之所至手亦至焉者，文章之聖境也。心之所不至手亦至焉者，文章之神境也。心之所不至手亦不至焉者，文章之化境也。夫文章至于心手皆不至，則是其紙上無字、無句、無局、無思者也。而獨能令千萬世下人之讀吾文者，其心頭眼底乃窅窅⑥有思，乃搖搖⑦有局，乃鏗鏗有句，而燁燁⑧有字。則是其提筆臨紙之時，才以繞其前，

一、人文

---

① 宛然：仿佛。
② 矜式：趙岐注："矜，敬也；式，法也。欲使諸大夫國人皆敬法其道。"
③ 慘淡：艱苦地，苦費心力地。
④ 隤（tuí）然：易繫辭下："夫坤，隤然示人簡矣。"王弼注："隤，柔貌也。"
⑤ 現：正韻："顯也，露也。"
⑥ 窅窅：隱晦、幽暗貌。
⑦ 搖搖：擺動、搖曳貌。
⑧ 燁燁：明亮，燦爛，鮮明。

才以繞其後，而非陡然卒然①之事也。故依世人之所謂才，則是文成于易者，才子也；依古人之所謂才，則必文成于難者，才子也。依文成于易之説，則是迅疾揮掃②，神氣揚揚者，才子也。依文成于難之説，則必心絶氣盡，面猶死人者，才子也。故若莊周、屈平、馬遷、杜甫，以及施耐庵、董解元之書，是皆所謂心絶氣盡，面猶死人，然後其才前後繚繞、得成一書者也。……

課後習題

一、請談談金聖嘆對孔子作"六經"的理解。

二、試論金聖嘆對"才子"及其所著之書的理解。

延伸閲讀

金聖嘆水滸傳序二，金聖嘆全集，南京：江蘇古籍出版社，1985年。

金聖嘆水滸傳序三，金聖嘆全集，南京：江蘇古籍出版社，1985年。

---

① 卒然：形容很短暫的時間。
② 揮掃：運筆揮寫，謂作詩文或書畫。

通論一　字詞訓釋

"情動于中而形于言"①，人心感物而動，以聲音表達，即言語。但聲音難以保存、容易失真。文字的產生，無疑是文明史的重大節點。人壽數不過百年，目之所視、足之所履皆頗有限，但借由文字，即使千年之遥、胡越之遠，人們亦可見字如面，知意會心。也正因此，"昔者倉頡作書，而天雨粟，鬼夜哭"②，大而造化陰陽之妙，小而鳥獸草木之微，皆得以由聖賢仰觀俯察、垂教廣遠，由學者博學精思、守先待後，以成浩浩之文明長河。

但如易繫辭下所言，"書不盡言，言不盡意"，作者的言語已不盡其意，著于竹帛的文字又不盡其言語，因此，我們借由文字通達作者之意，必經解釋、領會之過程。王維有一首小詩："君自故鄉來，應知故鄉事。來日綺窗前，寒梅著花未？"這首詩的文字非常簡單，僅僅是在問故鄉來人，窗前寒梅有無開花。而若對"鄉愁"不陌生，對王維稍有了解，我們便知道，詩人並不只是問梅花有無開花，而是帶着深厚繾綣的思鄉之情，在詢問故鄉的近況；但又太久不知故鄉消息，見人情怯，無從問起。僅回答詩人寒梅有無開花，是不足以紓解其情的。識文字終須着落在領

---

① 詩大序。
② 淮南子本經。

會作者之意上，而領會作者之意，也必定不能懸空揣測，而須以識文字爲基礎。正如領會王維此詩的思鄉之情，必定須在"故鄉""綺窗""寒梅"這些字詞所傳達的意象中。

由此，"訓釋字詞"成爲語文學的基礎課題。

一、"六書"

"六書"系統概括了文字創製與增益之法，是訓釋字詞的門徑。許慎在説文解字序中説：

> 周禮八歲入小學，保氏教國子，先以六書：一曰"指事"，指事者，視而可識，察而見意，"上""下"是也；二曰"象形"，象形者，畫成其物，隨體詰詘，"日""月"是也；三曰"形聲"，形聲者，以事爲名，取譬相成，"江""河"是也；四曰"會意"，會意者，比類合誼，以見指撝①，"武""信"是也；五曰"轉注"，轉注者，建類一首，同意相受，"考""老"是也；六曰"假借"，假借者，本無其事，依聲託事，"令""長"是也。②

後來班固依據出現先後，將許慎所舉"六書"順序調整爲：象形、指事、會意、形聲、轉注、假借。這其中，許慎區分"文""字"，説："倉頡之初作書也，蓋依類象形，故謂之'文'；

---

① 撝（huī）：同"揮"。
② 段玉裁説文解字注，上海：上海古籍出版社，1988年，第754—756頁。

其後形聲相益，即謂之'字'。'文'者，物象之本；'字'者，言孳乳而浸多也。"① "文""字"泛稱可以通用，若加以區分，則象形、指事者爲"文"；會意、形聲等"文"相互結合，新增涵義者爲"字"。

（一）象形

"象形"是最早的創製文字之法，"畫成其物，隨體詰詘"，即畫出某物，筆劃隨物之形體曲折，例如"日""月"：

左爲"日"，右爲"月"。説文解字進一步解釋説，"日，實也，太陽之精不虧"，"月，闕也，大陰之精"。兩字外框是對日之圓、月之缺的描畫，中間一點是對日中太陽之精、月中太陰之精的象徵。然而，象形更適用于描畫有形體之物，但隨着人心的自覺、文明的發展，文字所需表達的難以描畫形體之物越來越多，從喜怒哀樂到慮知思省，從禮樂政刑到天道性命，象形之法很快便不夠用了。

（二）指事

爲形加上簡易符號，以指向較形更"虛"的義類，便是"指事"。"指事者，視而可識，察而見意"，即看上去能認識，細思能知曉其涵意，例如"上""下"：

---

① 段玉裁説文解字注，第754頁。

二二 或者 ⊥T

左爲"上",右爲"下"。畫出平面之形,在其上方添加一條綫即"上",在其下添加一條綫即"下"。① 不過,指事終究只是在象形基礎上稍作演進,仍不足以表達更爲複雜的義項,"字"于是應之而生。

(三)會意

兩個及以上有獨立意義的"文"組合爲字,即"會意"。"會意者,比類合誼,以見指撝",即排比聯結文之義項,共同表現新字所指。"會意"與"指事"的本質區別在于:會意字的每一部分都獨立成"文",新字字義由其共同引申;指事字在形上添加的符號只作指引,不能獨立成"文"。許慎爲會意字舉的例子是"武""信":

武 信

左爲"武",右爲"信"。許慎認爲,"武"由下部的"止"和上部的"戈"組成,能禦止兵戈②,即爲"武";"信"由左邊的"人"和右邊的"言"組成,人言之由衷,即爲"信"。"止"

---

① "上""下"如今的寫法,在隸變後更方便與"二"區分。不過,作爲部首的"上",依舊保留着類似于"二"的寫法,如"示"便是由"上"與象徵日月星的三條垂綫組成,我們需要避免將其部首誤會爲"二"。
② 有學者認爲:"武"中"止"取義同"趾",象人持戈,因此有"脚印""威壯"等義,"止戈爲武"爲引申義。

與"戈"、"人"與"言"都具獨立義項，它們組合成的新字"武""信"，其字義來源于各部分義項的綜合引申。

（四）形聲

"形聲者，以事爲名，取譬相成"，亦即依據所需表達事物的大致義類，取一個文字作爲形符，再依據其口語讀音取一個文字作爲聲符，組合①創製新字。許慎舉"江""河"爲例：

左爲"江"，右爲"河"。"江"造字之初特指長江，"從水，工聲"②；"河"造字之初特指黃河，"從水，可聲"。"從水"即指它們的形符是"水"，"工聲""可聲"即聲符，標示口語大致讀音。

從象形到會意，漢字能表達的義項仍受限于字形。而形聲以形符、聲符組合成字，聲符不必表意，形符只需指引大致義類，大大放寬了字形對表意的限制。人們可以先一見略知此字所指事物的大致義類與讀音，再經由進一步學習知曉其準確字義。其組合方式多變，借由少量現有形符、聲符，便可輕鬆造出大量新字③，以指稱層出不窮的新鮮事物。故此，絕大多數後起漢字都是形聲字，形聲成爲最爲常見，幾乎唯一通用至今的造字法。

一、人文

---

① 形符、聲符組合過程中，爲使字形簡潔美觀，可能會有省寫、變形。
② 工、江均屬見母、上古韻部均爲東部，在造字時讀音相同。本節通論所用聲母爲宋人韻圖之三十六聲母，上古韻部用王力三十韻部表，下同。
③ 如學者用"石""氣""金"等義符，再加上合適的聲符，爲新發現的化學元素譯定漢字譯名。這便是"形聲"造字法的新運用。

（五）轉注

許慎説，"轉注"是"建類一首，同意相受"，即同一部首下，兩個字能夠互訓。例字爲"考""老"：

左爲"考"，右爲"老"。"老"字字形由人、毛、化省寫三部分構成，人鬚髮顏色變化爲老，屬會意字。而"考"是以"老"省寫爲形符、以丂（kǎo）爲聲符的形聲字，它們部首相同①，字義互訓。説文解字云，"考，老也"，"老，考也"。

但何謂轉注，仍存爭議。較爲常見的説法是：段玉裁説文解字注引戴震云，"一其義類，皆謂'建類一首'也；互其訓詁，所謂'同意相受'也。考、老適于許書同部。凡許書異部而彼此二篆互相釋者視此"，② 即不拘是否同部首，義類相同，音近可轉，字義互訓者，均屬轉注。③ 漢字同義、近義可以互訓者甚多，不僅易于關聯理解字義，也使其表意更爲精細，而音韻易于調和。

（六）假借

"假借者，本無其事，依聲託事"，即某事物尚無字表達時，

---

① "老"作爲部首本字，與以"老"爲部首的所有字視爲部首相同。
② 段玉裁説文解字注，第754頁。
③ 另有朱駿聲説文通訓定聲認爲轉注實爲"體不改造，引意相受"，即增入引申義而字形不變。供參考。見朱駿聲説文通訓定聲，北京：中華書局，1984年，第11頁。

先借用讀音相近的已有字。例爲"令""長"：

左爲"令"，右爲"長"。令從亼（jí）、從卩（jié），屬會意字，本義爲"發號"。長從兀、從化省、以倒"凵"① 爲聲符，屬會意兼形聲字，本義爲"久遠"。律令、時令之義，未造新字，而託發號之"令"；年長、位高之義，未造新字，而託久遠之"長"，此即"假借"。假借義始終未造新字表達，遂成爲所假借字的引申義。這使漢字往往一字多義，簡潔而表義豐富。

假借義若更造新字，如日暮之"暮"本借"莫"字，後又造"暮"字，則新字與舊字成爲古今字。而如"背"借"倍"字，字根② 不同，義項也各自獨立，僅因音近通用，即爲"通假"。古今字與通假字的本質區別在於：古今字義項相承，只是在古在今用不同的字表達；通假字則是兩個字因音近暫時借用，並無義項相承關係。而假借所區分于古今字、通假字的，便是"本無其字"，借而不還。

二、釋字

因所有文字均具音、形，並借以表意，我們解釋文字，便須分析音、形，酌定準確字義。

---

① 凵（wáng）：同"亡"。
② 字根：指漢字據獨立意義、不可拆分的最小結構。聲符、義符及其省寫均可能成爲字根。

(一) 辨別古今字、通假字

古今字,尤其是義項完全不同,僅因音近相借的通假字,在訓釋時需要首先辨明,否則所訓必然"指鹿爲馬"。以論語首章"學而時習之,不亦説乎"爲例,"説"通"悦",聲符均爲"兑",以"言"爲形符的"説"字先造,以"心"爲形符的"悦"字在假借"説"字一段時間後才被造出,以專門表達愉悦之義。若我們徑直按照"説"來解釋此字,進而解釋一整句話,顯然不能達其本指。

辨別古今字、通假字有以下方法:
甲、參考通行古注、查閲常用字書。
乙、熟記常用古今字、通假字。
丙、依據全句句意輔助判斷。

若一句話中某字按其本字義項完全解釋不通,但若按與此字字根相同或至少讀音相近的某字來解釋,却十分通暢,即可考慮古今字或通假字可能。但要注意的是:若解釋者語文學基礎不牢,仍建議以通行古注或專門字書確認,切勿懸空揣測。另外,"讀音相近"乃指成書時兩字讀音相近,非指現代漢語讀音。成書時代爲中古、爲上古,需以韻書或專門工具確定其聲部及韻部,不可直接依據現代漢語讀音判斷。

(二) 分析音、形

釋字須首先判斷其造字法,象形、指事、會意適用形訓,形聲字雖以形訓爲主,但也需要音訓輔助,因爲聲符往往兼有表意之用。又，音近義同、義近音同，字根甚至也相同的古字往往同源①，因而漢代及以前的經籍注疏聲訓頗多。以説文解字對"禮"字的解釋爲例：

禮

"禮，履也。所以事神致福也。从示从豊，豊亦聲。"這句解釋中，"从示从豊，豊亦聲"，指"禮"字是會意字兼形聲字，解釋宜以形訓爲主，兼用聲訓。"禮，履也"爲聲訓，以上古讀音相同②的"履"字來解釋"禮"的涵義。"所以事神致福也"爲形訓。左邊"示"由"上"③與三垂組成，意爲日、月、星垂光于天上；右邊"豊"爲"行禮之器"，象以豆④盛放祭品之形。綜合引申，即爲所以事神求福之意。

使用音訓時，宜參酌通行古注及字書，並依據成書時代此字讀音，儘量以同源字推求，且應與形訓相參酌，切勿僅憑讀音懸空揣測。

漢語拼音通行前，漢字注音主要使用直音法與反切法。早期古注或字書以直音法注音，如某字讀若某字、某字音某字。反切法出現于東漢，至唐宋大盛，結合反切上字聲母與反切下字韻母及音調共同注音，如某字某某反、某字某某切。讀這兩種注音，均需至少注意注音者所處時代爲上古、中古還是近古，以確定直

---

① 如王力教授在同源字論中舉例説，以"叚"爲聲符的字，"瑕""霞""騢""鰕"等，本義皆含赤色。
② "禮""履"上古音均屬來母、脂部。
③ 參考前一節"漢字六書"中"指事"部分對于"上"的解釋。
④ 豆：古代盛放祭肉的容器，像有蓋子的高足圓盤。

音字、反切上下字的真正讀音,不可徑直使用普通話讀音。

例如:"費,芳未切,音沸",若按普通話讀,直音法"音沸"是(fèi),反切法"芳未切"取"芳"聲母(f)與"未"韻母及音調(èi)拼合也是(fèi),似乎沒有問題,但這只是恰巧。"六,音陸",普通話中兩字讀音就並不相同。"足,即玉切",若不知曉"即""玉"的中古音,而直接以普通話拼讀,我們就會誤拼出(jù),與"足"的中古讀音相去甚遠。"磋,七多反",用普通話甚至無法拼讀。

以下建議能夠提升音訓的準確度:

甲、參考通行古注,查閱常用字書、韻書,使用專門網頁工具檢索。

乙、熟悉中古三十六聲母、知曉上古聲母以中古聲母標示時主要的分合變化,知曉漢字依據發音時開口大小而分等;熟悉上古韻部名稱及轉韻規律,知曉唐韻、廣韻、集韻等中古重要韻書。以便在需要時,有針對性地查閱書籍、使用工具。

發音部位 \ 發音方法	全清	次清	全濁	次濁	全清	全濁
唇音 重唇	幫 [p]	滂 [pʻ]	並 [b]	明 [m]		
唇音 輕唇	非 [pf]	敷 [pfʻ]	奉 [bv]	微 [ɱ]		
舌音 舌頭	端 [t]	透 [tʻ]	定 [d]	泥 [n]		
舌音 舌上	知 [ȶ]	徹 [ȶʻ]	澄 [ȡ]	娘 [ȵ]		
齒音 齒頭	精 [ts]	清 [tsʻ]	從 [dz]		心 [s]	邪 [z]
齒音 正齒	照 [tʃ]	穿 [tʃʻ]	牀 [dʒ]		審 [ʃ]	禪 [ʒ]
牙音	見 [k]	溪 [kʻ]	群 [g]	疑 [ŋ]		

續表

發音方法 發音部位	全清	次清	全濁	次濁	全清	全濁
喉音	影[ʔ]			喻[j]	曉[x]	匣[ɣ]
半舌音				來[l]		
半齒音				日[ʑ]		

上爲王力中古三十六聲母表。

清濁 七音	全清	次清	全濁	次濁	清	濁
牙音	見	溪	群	疑		
舌音	端（知）	透（徹）	定（澄）	泥（娘）	余（喻四）	
	章（照三）	昌（穿三）	船（牀三）		書（審三）	禪
唇音	幫（非）	滂（敷）	並（奉）	明（微）		
齒音	精	清	從		心	邪
	莊（照二）	初（穿二）	崇（牀二）		山（審二）	
喉音	影				曉	匣（喻三）
半舌音				來		
半齒音				日		

上爲王力上古三十二聲母表。

中古聲部標示上古聲部，主要的分合變化有：古無輕唇，輕唇音"非敷奉微"歸入重唇音"幫"組；古無舌上，舌上音"知徹澄娘"歸入舌頭音"端"組；照二歸精，照三歸端，正齒音照組二等"莊初崇山"四個聲組歸入齒頭音"精"組，三等"章昌船書"四個聲紐歸入舌頭音"端"組；喻三歸匣，喻母三等歸匣母,四等近于定母①。

　　約略了解這些分合變化,我們在典籍中見到伏羲、庖犧、包犧時,就能因"古無輕唇"知曉是同一個人。而如前面所舉的"説""悦"二字,我們查知"説"聲母爲照組審母三等,上古韻部爲月部;"悦"聲母爲喻母四等,上古韻部亦爲月部,就能因"照三進定"及喻母四等讀音近于定母,知曉現代漢語讀音差別頗大的這兩個字,上古讀音幾乎相同。

	陰聲		入聲		陽聲
無韵尾	之部 ə	韻尾-k	職部 ək	韻尾-ŋ	蒸部 əŋ
	支部 e		錫部 ek		耕部 eŋ
	魚部 a		鐸部 ak		陽部 aŋ
	侯部 ɔ		屋部 ɔk		東部 ɔŋ
	宵部 o		沃部 ok		
	幽部 u		覺部 uk		[冬部] uŋ
韻尾-i	微部 əi	韻尾-t	物部 ət	韻尾-n	文部 ən
	脂部 ei		質部 et		真部 en
	歌部 ai		月部 at		元部 an
		韻尾-p	緝部 əp	韻尾-m	侵部 əm
			盍部 ap		談部 am

　　上爲王力上古三十韻部表。

　　這張表中,同一橫排的韻部元音相同,陰聲無韻尾,入聲有塞音韻尾,陽聲有鼻音韻尾,而相鄰豎排的元音也發音接近。據

---

① "喻四歸定"是否成立,學界尚存爭議。

<u>王力同源字典</u>，如有轉韻，同一橫排韻部間爲對轉，如之、職、蒸相互對轉；元音相近，韻尾相同或無韻尾爲旁轉，如職、鐸旁轉；旁對轉即先旁轉，再對轉；元音相同，韻尾發音部位不同爲通轉，如魚、歌通轉。

就上古漢語而言，判斷讀音相近、可能通假，主要依據聲母及韻母元音發音部位是否相同、相近。這是因爲韻尾對字音影響不那麼大——平日說話太急促，韻尾也可能丟失、變形，却不影響表意。但是，我們也不可以濫用"一聲之轉"，如前所述，是否通假仍需綜合判斷，不可僅憑聲母及韻母元音發音部位相似便隨意判定。

丙：知曉中古聲調與現代漢語聲調的大致對應關係爲"平分陰陽，濁上歸去，入派三聲"，熟悉常見入聲字。以助拼讀反切、判斷韻部。

使用形訓時，需至少將字形上溯至小篆及以前，不可直接依據隸書及以後字體訓釋。<u>西漢初年，漢字字體由小篆變爲隸書</u>。小篆字形細長，筆劃圓轉而多對稱，粗細幾乎沒有變化，宜于雕刻；隸書則因需用筆在簡牘上書寫，字體扁平，筆劃方整，粗細變化明顯。在由篆而隸的過程中，不少字根發生了形變。若僅據隸書及以後字體形訓，極可能出現失誤。

例如，楷書中一些人口中的"王字旁"，其實本應是"玉字旁"。我們來看這兩個字的小篆字形：

王　玉　時

左邊是"王"，右邊是"玉"，它們的小篆字體，區別只有筆劃的間隔。而當它們經歷隸變，字體變扁平之後，這個區別就顯得微乎其微了。人們因此給"玉"加上一個點，以與"王"區分；但作爲部首的"玉"，却並未加點，從而被一些人誤稱爲"王字旁"。我們舉出"玉字旁"的字，如珍、珠、瑾、瑜、瑤、瑰，就會發現，它們都與"玉"有關，與"王"無關。若我們以"王"爲形符，來推求這些字的字義，無疑會茫然無措。再如"時"從"日"、從"之"、從"寸"，乃太陽所經行刻度，與"寺"並無關係，如據後來字形，將其右邊結構想象爲"寺"，將無從理解。

以下建議能提升形訓的準確度：

甲、知曉說文解字這一最早字書，使用專門網頁工具檢索。

乙、分析字形時，宜以字書相參酌，避免誤判字根，分合失當。字根宜用古義，避免以今義懸空想象。如"元"從"一"，從"兀"，"兀"又從"一"，從"人"，"儿"是"人"的古文奇字。我們對"元"進行形訓，須以"一"與"兀"爲據，且用"兀"之"高平"古義，而不可以"二"與"儿"爲據。

丙、訓釋宜有多項例證可徵，避免循用孤證。

（三）釐清本義與引申，酌定準確字義

形訓有助于確定本義，而確定本義是釐清引申義的關鍵。

以"格"字爲例：

格

說文解字:"格,木長皃①。从木各聲。"這是一個形聲字,其本義爲樹木修長的樣子。說文解字注云:"'木長皃'者,格之本義。引申之,長必有所至,故釋詁曰'格,至也',抑詩傳亦曰'格,至也'。凡尚書'格于上下''格于藝祖''格于皇天''格于上帝'是也。此接于彼曰'至',彼接于此則曰'來'。鄭注大學曰'格、來也',凡尚書'格爾衆庶''格汝衆'是也。至則有'摩扢②'之義焉,如云'格君心之非'是也……"參此,我們可以釐清,"至""來""正",或先或後,均是"格"的引申義。"格"之所以會有這些義項,均由本義"木長皃"引申而來。釐清本義與引申義的關係,有助于更深入地理解漢字各義項,並據引申義出現先後參酌成書時間,排除部分訓義的可能。

繼續以"格"爲例,大學云"致知在格物",鄭康成訓"格"爲"來",朱子訓爲"至",王陽明訓爲"正",我們能夠發現,這三個義項皆在"格"的引申義中。到這一步,語文學對我們的幫助已經很有限了。

所謂"語文學的幫助"是指:語文學能幫助我們確定所需訓釋漢字的"意義域"——即其所有基礎義項及可能延伸義③的範圍,從而啓發對字義的領會,排除遠離意義域,無從聯通的不可

一、人文

---

① 皃(mào):同"貌"。
② 扢(gū):平。
③ 延伸義:包括已有義項的可能引申及作爲單音詞時的詞類活用。

能義項。程伊川説："凡看文字，先須曉其文義，然後可求其意。未有文義不曉而見意者也。"① "曉其文義"即知曉文字的基本語義，"求其意"需要在文字的意義域内進行。因爲作者既以文字表意，希望人相知，便須首先遵循文義，"黑"不能爲"白"，"是"不能爲"非"。離棄文義而求作者之意，既屬緣木求魚，也是對文字之爲文字的離棄。

文字既因表意而生，在意義域中，究竟哪個義項合于作者之意，語文學只能輔助判斷，無法反過去"決定"。我們需要參考上下文語境，"知人論世"，參考成書時世此字常用義項及作者本人的用字習慣，需要揆諸人情事理——越是義理精妙的著作，後者越重要。歸根結底，決定字義的是作者所明之理、所達之意，它只是遵循文義，並借文字著見光彩。

因此，在解釋文字時，以語文學確定意義域，是求作者之意的基礎，過此以往，則是讀者對作者的"以意逆志"，此即形訓、音訓基礎之上的義訓。

以下建議能提升義訓的準確度：

甲、知曉漢字古今字義異同常例，如字義擴大、縮小、轉移、褒貶變化等。在存疑時，宜以字書或通行古注確認義項。

乙、重視漢字學術釋義與口語義的可能差異。在解釋經籍字義時，宜以通行古注爲主要資藉，並參酌爾雅、説文解字、經典釋文等沿循經籍傳統的字書、辭書，不宜徑用口語義。學術文字的作者如有嚴密學問體系，宜循作者學問體系斟酌疏解，不宜孤立訓釋。如"心即理"，"即"字訓釋，宜循作者學問體系而定，無法齊一。

---

① 河南程氏遺書卷二二上，二程集上册，北京：中華書局，2004年，第296頁。

三、釋詞

單音詞的訓釋同于單字,複音詞皆由單字組成。因此,在釋字的基礎上,釋詞僅需進一步注意以下兩點:

甲、古漢語中,單音詞佔絕大多數,複音詞後來才逐漸增多,需注意辨別。如"妻子","妻"即妻子,"子"即兒女,不可默認爲複音詞。一般而言,若非單純複音詞(拆開不成文義的聯綿詞、音譯詞及疊字詞)①,古漢語,尤其是上古漢語中所有的疑似複音詞,建議均先考慮單音詞之可能。

另外,單音詞在發生詞類活用時,讀音往往會發生變化。這種"破讀"現象,有的現在還作爲一字多音保留,如好(hǎo)、(hào)兩讀,各有其義;有的已在普通話中消失,如衣作動詞時的(yì)音。但通行古注中,往往會在某字破讀時專門注音,我們可據此輔助判斷其詞類活用。

乙、若確實是合成複音詞,需先判斷複音詞中單音詞的組合關係。常見的組合關係有:聯合式,如恐懼、干戈,以同義詞或義類相近的詞聯合而成,其爲複音詞還是兩個單音詞,需在具體語境中審慎判斷。偏正式,如閣下、蒼生,其中單字字義有主從,但詞義由其共同組成,無法拆分解釋。附加式,如阿兄、陶然,爲單字加無實義詞頭或詞尾組成。另需特別注意偏義復詞,如"事有緩急"中的"緩急"偏"急","入人園圃"中的"園圃"偏"園",乃以義項相反或相連的兩個單音詞組成音節,詞

---

① 聯綿詞往往雙聲、疊韻,如輾轉、寥落,各字聯綿爲一義。音譯詞爲對外來詞彙的音譯,如伽藍、葡萄。

義仍偏其中之一。

　　釋詞亦需以語文學確定意義域，在此基礎上領會作者之意。例如：書益稷中，禹對舜帝説，"光天之下，至于海隅蒼生，萬邦黎獻，共惟帝臣"，遍佈天下，至于四海，萬國羣賢，都是您的臣子。"蒼生"這個偏正式複音詞，漢儒的注釋是"蒼蒼然生草木，言所及廣遠"①，宋儒的注釋是"蒼蒼然而生，視遠之義也"②，"蒼"都被解釋成名詞"青色"，"生"都被解釋成動詞"生出"，所用義項完全相同，但兩種注釋的表意仍稍有區别。海邊草木生長之處是生物能蕃息的範圍，海天相接之處則是人目能視、心能思的範圍，後者比前者更廣。注者所會作者之意不同，體現于義項，甚至可能只是延伸義上的些微區别，此又作者之意不決于文義，儘由其發露之確例。

　　總而言之，訓釋字詞是領會作者之意的必經途徑，而領會作者之意是訓釋字詞的最終目的，既不可棄筌求魚，也不可膠柱鼓瑟。

---

① 尚書正義，上海：上海古籍出版社，2007年，第174頁。
② 書集傳，北京：中華書局，2018年，第43頁。

二、節烈

日知錄 正始[①]

顧亭林

【題解】

顧亭林，明神宗萬曆四十一年（1613）—昭宗永曆三十六年（1682），初名絳，改名炎武，字寧人。亭林其號。南直隸崑山（今江蘇省崑山市）人。崇禎十六年（1643）監生，入復社。南京亡，監國魯王授兵部司務。崑山陷，死者數萬。嗣母王絕粒死，遺言曰："汝無爲異國臣子，無負世世國恩，無忘先祖遺訓。"隆武二年（1646），授兵部職方司主事，以母葬不果赴。永曆元年，預吳勝兆反正事。九年，遭奴變，沉畔僕陸恩于河。嗣後遊歷四方，定居關中。六謁孝陵、思陵，屢遭大獄。清廷屢召不赴，強之，乃曰："七十老翁，止欠一死。"三十四年，妻歿里中，寄詩悼之。三十六年正月初九，客死曲沃，年七十。著有日知錄、天下郡國利病書、肇域志等。

此書取名于子夏"日知其所亡，月無忘其所能，可謂好學也已"句，係亭林稽古所作，每有所得，輒錄一條，分類纂輯成卷。其要在經世以反空談、考據以證實理。後雖被乾、嘉學者奉

---

① 本文選自日知錄卷十三，顧炎武著，欒保群、吕宗力校點日知錄集釋中冊，上海：上海古籍出版社，2006年，第755—757頁。

爲圭臬，但其用意恰在于以更切實的方式爲後之推覆清廷者做出啓示。"正始"條以國與天下之分，釐清君臣與夷夏之關係，其中蘊含了作者深切的現實關懷。

　　魏明帝殂，少帝即位，改元正始①，凡九年。其十年，則太傅司馬懿殺大將軍曹爽，而魏之大權移矣。② 三國鼎立，至此垂三十年，一時名士風流，盛于洛下。乃其棄經典而尚老、莊，蔑禮法而崇放達，視其主之顛危若路人然，即此諸賢爲之倡也。自此以後，競相祖述。如晉書言王敦見衛玠，謂長史謝鯤曰："不意永嘉之末，復聞正始之音。"沙門支遁以清談著名于時，莫不崇敬，以爲"造微之功，足參諸正始"。宋書言羊玄保二子，太祖賜名曰咸、曰粲，謂玄保曰："欲令卿二子有林下正始餘風。"王微與何偃書曰："卿少陶玄風，淹雅修暢，自是正始中人。"南齊書言袁粲言于帝曰："臣觀張緒有正始遺風。"南史言何尚之謂王球"正始之風尚在"。其爲後人企慕如此。然而晉書儒林傳序云："擯③闕里之典經，習正始之餘論，指禮法爲流俗，目縱誕以清高。"此則虛名雖被于時流，篤論未忘乎學者。是以講明六

---

① 正始：齊王曹芳年號。景初三年（239），魏明帝曹叡病逝，曹芳即位，次年（240）改元正始。十年（249）四月，改元嘉平。

② "其十"至"移矣"：正始十年正月，借大將軍曹爽如高平陵祭明帝之機，司馬懿發動政變，曹爽等被殺，權落司馬氏之手。史稱"高平陵事變"。

③ 擯（bìn）：拋棄，排除。

藝①，鄭、王②爲集漢之終；演説老、莊，王、何③爲開晉之始。以至國亡于上，教淪于下，羌胡互僭，君臣屢易，非林下諸賢之咎而誰咎哉！

有亡國，有亡天下。亡國與亡天下奚辨？曰：易姓改號，謂之亡國；仁義充塞，而至于率獸食人，人將相食，謂之亡天下。魏、晉人之清談，何以亡天下？是孟子所謂楊、墨之言，至于使天下無父無君而入于禽獸者也。昔者嵇紹之父康被殺于晉文王，至武帝革命之時，而山濤薦之入仕。紹時屏居私門，欲辭不就。濤謂之曰："爲君思之久矣。天地四時猶有消息，而況于人乎？"一時傳誦，以爲名言，而不知其敗義傷教，至于率天下而無父者也。④夫紹之于晉，非其君也，忘其父而事其非君，當其未死三十餘年之間，爲無父之人亦已久矣，而蕩陰之死，何足以贖其罪乎！且其入仕之初，豈知必有乘輿敗績之事，而可樹其忠名以蓋于晚也？自正始以來，而大義之不明，遍于天下，如山濤者既爲邪説之魁，遂使嵇紹之賢，且犯天下之不韙而不顧。夫邪正之

二、節烈

---

① 六藝：六經。
② 鄭、王：指鄭玄、王肅。鄭玄（127—200），字康成，北海郡高密（今山東省高密市）人。王肅（195—156），字子雍，東海郡剡縣（今山東省剡城縣）人。皆後漢儒者，箋注五經。
③ 王、何：指王弼、何晏。王弼（226—249），字輔嗣，山陽郡高平（今山東省微山縣）人，注老子、周易、論語等書。何晏（？—249），字平叔，南陽郡宛縣（今河南省南陽市）人，著有論語集解。
④ "昔者"至"者也"：嵇紹，字延祖。父康以拒仕司馬氏被殺。後紹仕晉，位至侍中。八王之亂時，至蕩陰（今河南省湯陰縣），以護晉惠帝被殺，血濺帝衣。事平，左右欲浣衣，惠帝曰："此嵇侍中血，勿去。"事見晉書忠義傳。

説，不容兩立，使謂紹爲忠，則必謂王裒①爲不忠而後可也。何怪其相率臣于劉聰、石勒②，觀其故主青衣行酒而不以動其心者乎？是故知保天下，然後知保其國。保國者，其君其臣肉食者謀之；保天下者，匹夫之賤與有責焉耳矣。

課後習題

一、亭林指斥正始之風的原因是什麼？他爲什麼將"國亡于上，教淪于下，羌胡互僭，君臣屢易"的癥結歸因于學術不明？

二、亭林所說的"亡國""亡天下"具體是指什麼？結合他所處的時代背景，是否具有強烈的現實內涵？

三、王船山在讀通鑒論中對嵇紹的評價與亭林相一致。但相比歷代如文山諸人所稱的"爲嵇侍中血"，你如何看待明遺民與他們的差異？

延伸閱讀

日知錄　廉恥③

五代史馮道傳論曰："禮義廉恥，國之四維。四維不張，國

---

① 王裒（póu）：字偉元，城陽營陵（今山東省樂昌縣）人。性至孝。以父儀爲司馬昭所殺，終身不仕晉。後于五胡亂華時戀墓不去，爲賊所殺。事見晉書王裒傳。
② 劉聰、石勒：劉聰，匈奴人，十六國時趙漢國君主。石勒，羯人，十六國時後趙君主。俱胡人亂中國者。
③ 本文選自日知錄卷十三，顧炎武著，欒保群、呂宗力校點日知錄集釋中冊，上海：上海古籍出版社，2006年，第772-774頁。

乃滅亡。'善乎，管生之能言也！禮義，治人之大法；廉恥，立人之大節。蓋不廉則無所不取，不恥則無所不爲。人而如此，則禍敗亂亡亦無所不至。況爲大臣，而無所不取，無所不爲，則天下其有不亂，國家其有不亡者乎！"然而四者之中，恥尤爲要。故夫子之論士，曰："行己有恥。"孟子曰："人不可以無恥，無恥之恥，無恥矣。"又曰："恥之于人大矣，爲機變之巧者，無所用恥焉。"所以然者，人之不廉而至于悖禮犯義，其原皆生于無恥也。故士大夫之無恥，是謂國恥。吾觀三代以下，世衰道微，棄禮義，捐廉恥，非一朝一夕之故。然而松柏後凋于歲寒，雞鳴不已于風雨，彼昏之日，固未嘗無獨醒之人也。頃讀顏氏家訓有云："齊朝一士夫嘗謂吾曰：'我有一兒，年已十七，頗曉書疏。教其鮮卑語及彈琵琶，稍欲通解。以此伏事公卿，無不寵愛。'吾時俯而不答。異哉，此人之教子也！若由此業自致卿相，亦不願汝曹爲之。"嗟乎！之推不得已而仕于亂世，猶爲此言，尚有小宛詩人之意，彼閹然媚于世者，能無愧哉！

羅仲素曰："教化者，朝廷之先務；廉恥者，士人之美節；風俗者，天下之大事。朝廷有教化，則士人有廉恥；士人有廉恥，則天下有風俗。"

古人治軍之道，未有不本于廉恥者。吳子曰："凡制國治軍，必教之以禮，勵之以義，使有恥也。夫人有恥，在大足以戰，在小足以守矣。"尉繚子言："國必有慈孝廉恥之俗，則可以死易生。"而太公對武王："將有三勝"，一曰"禮將"，二曰"力將"，三曰"止欲將"。故禮者所以班朝治軍，而兔罝之武夫皆本于文王后妃之化，豈有淫芻蕘，竊牛馬，而爲暴于百姓者哉！後漢書："張奐爲安定屬國都尉，羌豪帥感奐恩德，上馬二十匹，先零酋長又遺金鐻八枚。奐並受之，而召主簿于諸羌前，以酒酹地曰：'使馬如羊，不以入厩。使今如粟，不以入懷。'悉以金馬還之。羌性貪而貴吏清，前有八都尉，率好財貨，爲所患苦，及奐正身潔己，威化大行。"嗚呼，自古以來，邊事之敗，有不始于貪求者哉？吾于遼東之事有感。

杜子美詩："安得廉頗將，三軍同晏眠。"一本作"廉恥將"，詩人之意未必及此。然吾觀唐書言："王似爲武靈節度使。先是，吐蕃欲成烏蘭橋，每于河壖先貯材木，皆爲節帥遣人潛載之，委于河流，終莫能成。蕃人知似貪而無謀，先厚遺之，然後並役成橋，仍筑月城守之。自是朔方禦寇不暇，至今爲患。"由似之黷貨也。故貪夫爲帥，而邊城晚開。得此意者，郢書燕說，或可以治國乎？

與友人論學書①

比往來南北，頗承友朋推一日之長，問道于盲。竊嘆夫百餘年以來之爲學者，往往言心言性，而茫乎不得其解也。

命與仁，夫子之所罕言也；性與天道，子貢之所未得聞也。性命之理，著之易傳，未嘗數以語人。其答問士也，則曰："行己有恥"；其爲學，則曰："好古敏求"；其與門弟子言，舉堯舜相傳所謂危微精一之說一切不道，而但曰："允執其中，四海困窮，天祿永終。"嗚呼！聖人之所以爲學者，何其平易而可循也！故曰："下學而上達。"顏子之幾乎聖也，猶曰："博我以文。"其

---

① 本文選自亭林文集卷之三，顧炎武著，華忱之點校顧亭林詩文集，北京：中華書局，1983年，第40—41頁。

告哀公也，明善之功，先之以博學。自曾子而下，篤實無若子夏，而其言仁也，則曰："博學而篤志，切問而近思。"今之君子則不然，聚賓客門人之學者數十百人，"譬諸草木，區以別矣"，而一皆與之言心言性，捨多學而識，以求一貫之方，置四海之困窮不言，而終日講危微精一之説，是必其道之高于夫子，而其門弟子之賢于子貢，跳東魯而直接二帝之心傳者也。我弗敢知也。

孟子一書，言心言性，亦諄諄矣，乃至萬章、公孫丑、陳代、陳臻、周霄、彭更之所問與孟子之所答者，常在乎出處、去就、辭受、取與之間。以伊尹之元聖，堯、舜其君其民之盛德大功，而其本乃在乎千駟一介之不視不取。伯夷、伊尹之不同于孔子也，而其同者，則以"行一不義，殺一不辜，而得天下不爲"。是故性也，命也，天也，夫子之所罕言，而今之君子之所恒言也；出處、去就、辭受、取與之辨，孔子、孟子之所恒言，而今之君子所罕言也。謂忠與清之未至于仁，而不知不忠與清而可以言仁者，未之有也；謂不忮不求之不足以盡道，而不知終身于忮且求而可以言道者，未之有也。我弗敢知也。

愚所謂聖人之道者如之何？曰："博學于文"，曰："行己有恥"。自一身以至于天下國家，皆學之事也；自子臣弟友以出入、往來、辭受、取與之間，皆有恥之事也。恥之于人大矣！不恥惡衣惡食，而恥匹夫匹婦之不被其澤，故曰："萬物皆備于我矣，反身而誠。"

嗚呼！士而不先言恥，則爲無本之人；非好古而多聞，則爲空虛之學。以無本之人，而講空虛之學，吾見其日從事于聖人而去之彌遠也。雖然，非愚之所敢言也，且以區區之見，私諸同志而求起予。

李陵論[①] 刺叛臣洪承疇

張蒼水

【題解】

張蒼水，明神宗萬曆四十八年（1620）—昭宗永曆十八年（1664），名煌言，字玄著。蒼水其號。浙江鄞縣（今寧波市鄞州區）人。崇禎十五年（1642）舉人。南京亡，起兵奉魯王以海監國，賜進士，累官行人、兵科給事中、兵部左侍郎，起兵抗清。永曆十四年，拜兵部尚書，東閣大學士，督師浙海。十六年，昭宗崩，延平王鄭成功卒于臺，未幾，魯王亦薨，遂于十八年六月散兵，居南田懸嶴。七月十七日，爲羅者偵捕；越二日，至寧波；八月，轉杭州。九月七日赴市，從容殉節。是日驟雨晝晦，杭人知與不知皆爲流涕。著有冰槎集、奇零草、采薇吟、北征錄等。

滿人入關前後，針對其時蠻夷強而中國弱、貳臣多而忠臣少的現象，引發了關於華夷、變節的諸多討論。崇禎十五年，洪承疇以太子太保、兵部尚書而兵敗松山，時傳其殉節，威宗親撰祭文、賜祭九壇，而實乃降清；其後又率滿人而芟夷中國，遂使中國淪胥、神州陸沉。明臣及遺民意在重塑華夷之義，而爲天地立

[①] 本文選自張蒼水集卷七外編二遺文，張壽鏞編四明叢書約園刊本，第1頁上—3頁上。

其綱維，庶可以使人道不墮。斯文即作于此時。

世以李陵①報蘇子卿書②出自史遷之筆，蓋遷欲掩其保舉之失，而所云"欲得當以報漢"者，陵則無有也。余謂不然。余觀其河梁諸什，未始不歎其風波之失所，而瀏漓③感慨，無一懟漢之辭，是亦豈遷所僞製耶？

就陵當日之事言之：方陵之出塞也，初非疆場不靖而亭障不守也。漢武特欲示威四夷，故窮黷其兵，千里而趨利。陵不過偏裨④，提不滿五千，步卒深入荒漠，殺傷相當，而又鮮浹飛、貳師⑤爲之後勁，其勢固已危矣；迨矢盡力折而後降，其志亦可哀矣。夫陵之罪，在不能死耳，與棄師辱國者稍有間，與事仇噬主者更有間矣。而漢連坐之不少貸，則安望陵之能爲朱序⑥哉？

設令漢武聞陵之敗，臨軒而嘆，側席而思，爲之郵其母、撫其孥；或誤傳陵已死事，更爲招魂以祭、貤典⑦以贈之，陵雖犬豕，當以愧悔自裁矣，敢忘漢恩德哉！夫何功罪不明，陵卒以族，無怪乎論者之謂漢少恩也。倘陵而心懷逆節，氣結重

---

① 李陵：字少卿，李廣之孫。天漢二年（前99）隨李廣利出征匈奴被俘，武帝遂族其家。
② 報蘇子卿書：答蘇武書。蘇武，字子卿，使匈奴十九年而不屈節。蘇子卿歸漢後勸李陵回朝，陵報以此書。
③ 瀏漓：流利飄逸貌。
④ 偏裨（pí）：偏將，裨將。
⑤ 浹（cì）飛、貳師：俱武帝時官名。
⑥ 朱序：字次倫，東晉將領，以梁州刺史守襄陽。太元四年（379），襄陽城爲前秦所破，序詐降。八年，淝水之戰，潛助晉軍勝之。
⑦ 貤（yí）典：朝廷貤贈的恩典。貤，同"移"。

誅，或教匈奴以盜邊，或引華人以助虐，不特子卿故節難留雪窖，而匈奴控弦十萬，直可長驅中土，豈僅僅烽達甘泉①而已哉！

然陵于子卿之歸國，纏綿反覆，贈之以詩，而曰"陵之罪上通于天"，其亦可哀也已。夫陵當漢時，起偏裨，提孤軍，出遠塞，戰敗而降，族屬輒蒙顯戮②，當時士大夫無一言爲之辯解，惟司馬遷稍稍言之而亦下蠶室③，此足以見國憲之有常，而軍律之不可逭④也。向使陵荷節鉞之重，會匈奴鴟張，玉門淪陷，漢家掃境内甲兵以託陵，不幸而被圍，遂倒戈解甲、屈膝僞庭，則其罪何等也；又使陵受賙恤⑤之殊恩，冒祭賻⑥之異數，而乘潢池弄兵⑦、反戈相向，覆漢之宗社，毀漢之衣冠，甚至牽犬羊以芟薙⑧漢之子孫黎民，則其罪更居何等也。由此觀之，陵之罪不當末減而平反之也哉？

雖然，刑者，鉶也，成而不變，故君子用心焉⑨。春秋之義

---

① 甘泉：漢甘泉宮，近長安。文帝十四年（前166），匈奴入寇，候騎至甘泉宮。又，史記集解引漢書音義曰："匈奴祭天處本在雲陽甘泉山下，秦奪其地，後徙之休屠王右地，故休屠有祭天金人，象祭天人也。"甘泉山，即甘泉宮所在。
② 顯戮：明正典刑，陳尸示衆。
③ 蠶室：執行宫刑的獄室。
④ 逭（huàn）：逃避。
⑤ 賙（zhōu）恤：周濟撫恤。
⑥ 祭賻（fù）：致祭並餽贈財物。
⑦ 潢池弄兵：代指叛亂。潢、池，俱積水意。典出漢書龔勝傳。
⑧ 芟薙（shān tì）：刈除。
⑨ "刑者"至"心焉"：鉶，原作"侀"，同"形"。語出禮記王制："刑者，侀也；侀者，成也。一成而不可變，故君子盡心焉。"

美召陵、城濮者①，深内夏外夷之防也；怒仲遂、季友者②，甚亂臣賊子之罪也。明乎此，則知余之所以論李陵矣。

課後習題

一、張蒼水替投敵降虜的李陵開脫的原因是什麼？

二、你如何看待晚明背景下的夷夏觀？它在當代是否依然具有現實意義？

延伸閱讀一

放歌③

時甲辰八月七日書于杭之獄壁

吁嗟乎！滄海揚塵兮日月盲。神州陸沉兮陵谷崩。藐孤軍之屹立兮，呼癸呼庚。予憫此子遺兮，遂息機而寢兵。方壺圓嶠兮，聊稅駕以埋名。豈神龍魚服兮，罹彼豫且之罾。予生則中華兮死則大明。寸丹爲重兮七尺爲輕。維彼文山兮，亦羈紲于燕京。黃冠故鄉兮，非予心之所欣。欲慷慨以自裁兮，既束縛而嚴

---

① "春秋"至"濮者"：齊桓公召陵盟楚、晋文公城濮敗楚，俱以尊王黜夷而爲春秋所稱。事見春秋胡氏傳。

② "怒仲"至"友者"：仲遂，公子遂，魯莊公子，立宣公；季友，公子友，魯莊公弟，立僖公。春秋經譏世卿貳，于其卒皆書字，蓋仲遂、季友以字爲氏，導亂之先也。事見春秋胡氏傳。怒，四明叢書本作"恕"，據中華書局點校本改。參見張蒼水集，北京：中華書局，1985年，第45頁。

③ 本文選自張蒼水集卷四采薇吟，張壽鏞編四明叢書約園刊本，第7頁下－8頁下。

更。學謝公以絕粒兮，奈群豚之相並。等鴻毛于一擲兮，何難談笑而委形。憶唐臣之嚼齒兮，視鼎鑊其猶冰。念先人之淺土兮，忠孝無成。翳嗣子于牢籠兮，痛宗祀之云傾。已矣乎！苟瓊謝玉亦有時而凋零。予之浩氣兮化爲風霆。余之精魂兮化爲日星。尚足留綱常于萬禩兮，垂節義于千齡。夫何分孰爲國祚兮，孰爲家聲？歌以言志兮，肯浮慕乎箕子之貞。若擬夫正氣兮，或無愧乎先生。

延伸閱讀二

張蒼水答僞安撫書張蒼水集卷七外編二遺文，張壽鏞編四明叢書約園刊本，第12頁上－16頁下。

復清多爾袞書[1]

史道鄰

【題解】

史道鄰,明神宗萬曆三十年(1602)—安宗弘光元年(1645),名可法,字憲之,道鄰其號。直隸大興(今北京市大興區)籍,河南祥符(今河南省祥符區)人。崇禎元年(1628)進士。累官户部主事、員外郎、右參議、僉都御史、户部右侍郎,升南京兵部尚書。崇禎十七年,聞警,率軍勤王,未至而北京陷。五月,與馬士英等擁福王由崧即位,是爲安宗,次年改元弘光。拜禮部尚書兼武英殿大學士,掌兵部事。以與馬士英不合,出鎮揚州。弘光元年四月,清軍陷揚州,與知府任民育,同知曲從直、王纘爵等俱殉國。揚州被屠。隆武時贈太師,謚忠靖;魯王監國,謚忠烈;永曆時,謚文忠。

崇禎十七年四月,清軍入關,據北京。七月,聞安宗立,命副總兵韓拱薇、參將陳萬春紿道鄰書,責以春秋不討賊、新君不書即位之義,欲令削號稱藩。道鄰復以此書。

---

[1] 本文選自史忠正公集卷二,乾隆四十九年史開純刻本,續修四庫全書集部第1381册,第187—188頁。原題復攝政睿親王書,據明代尺牘改。

南中向接好音，法隨遣使問訊吳大將軍，未敢遽通左右，非委隆誼于草莽也。誠以大夫無私交，春秋之義。① 今倥傯之際，忽奉琬琰②之章，真不啻從天而降也。循讀再三，殷殷至意，若以逆賊尚稽天討，煩貴國憂，法且感且愧。懼左右不察，謂南中臣民媮安江左③，竟忘君父之怨，敬爲貴國一詳陳之。

　　我大行皇帝④敬天法祖，勤政愛民，真堯舜之主也。以庸臣誤國，致有三月十九日之事。⑤ 法待罪南樞，救援無及，師次淮上，凶問遂來。地坼天崩，山枯海泣。嗟乎！人孰無君？雖肆法于市朝，以爲泄泄⑥者之戒，亦奚足謝先皇帝于地下哉！爾時南中臣民哀慟如喪考妣，無不拊膺切齒，欲悉東南之甲，立剸兇讎。而二三老臣，謂國破君亡，宗社爲重，相與迎立今上，以繫中外之心。

　　今上非他，神宗之孫、光宗猶子，而大行皇帝之兄也。⑦ 名正言順，天與人歸。五月朔日，駕臨南都，萬姓夾道歡呼，聲聞數里。群臣勸進，今上悲不自勝，讓再讓三，僅允監國。迨臣民伏闕屢請，始以十五日正位南都。從前鳳集河清，瑞應非一。即

---

① "大夫"至"之義"："人臣義無私交"，義見春秋胡氏傳隱公十一年。
② 琬（wǎn）琰（yǎn）：美玉。比喻文辭之美。原刻本"琰"字闕，據錢海岳南明史補。
③ 江左：古以東爲左。江左即今安徽東部、江蘇南部一帶。
④ 大行皇帝：指初駕崩而仍未上廟、謚的皇帝。此指明威宗由檢。
⑤ "三月"至"之事"：崇禎十七年（1644），李自成陷京師，明威宗于萬歲山（今景山）自經殉國。
⑥ 泄（yì）泄：遲緩貌。
⑦ "今上"至"兄也"：今上，即明安宗簡皇帝朱由崧。崇禎十七年五月于南京登極，次年改元弘光。弘光元年五月，南京城破，安宗北狩。隆武二年（1646）四月，崩于北京。安宗係福王常洵嫡長子，神宗翊鈞之孫，光宗常洛之侄。猶子，指兄弟之子。大行皇帝，指剛剛駕崩還沒上尊號的皇帝。

若告廟之日，紫雲如蓋，祝文升霄，萬目共瞻，欣傳盛事。大江涌出枏梓數十萬章助修宮殿，豈非天意也哉？

越數日，遂命法視師江北，刻日西征。忽傳我大將吳三桂借兵貴國，破走逆成①，爲我先皇帝后發喪成禮，掃清宮闕，撫輯群黎，且罷薙髮之令②，示不忘本朝。此等舉動，振古鑠今，凡爲大明臣子，無不長跽北向，頂禮加額，豈但如明論所云，感恩圖報已乎？

謹于八月薄治筐篚③，遣使犒師，兼欲請命鴻裁，連兵西討。是以王師既發，復次江淮，乃辱明誨，引春秋大義來相詰責④。善哉乎！推言之，然此文爲列國君薨，世子應立，有賊未討，不忍死其君者立説耳。若夫天下共主，身殉社稷，青宮皇子，慘變非常，而猶拘牽不即位之文，坐昧大一統之義。中原鼎沸，倉猝出師，將何以維繋人心，號召忠義？紫陽綱目，踵事春秋，其間特書如莽移漢鼎、光武中興、丕廢山陽⑤、昭烈踐祚，懷愍亡國、晋元嗣基，徽欽蒙塵、宋高纘統。是皆于國儲未蒭之日，亟正位號，綱目未嘗斥爲自立，率以正統與之甚。至如玄宗幸蜀，太子即位靈武，議者疵之，亦未嘗不許以行權，幸其光復舊物也。

二、節烈

---

① "忽傳"至"逆成"：吳三桂，字長伯，武舉人，累官至總兵。崇禎十七年，以山海關降清。四月，攜清軍敗李自成于一片石（在今遼寧省葫蘆島境內）。初，明臣多將三桂視爲哭秦庭之申包胥，後乃漸知其姦。
② 薙髮令：清制：降者薙髮，髮式稱金錢鼠尾。制始自萬曆四十七年。崇禎十七年，清人入關，再申薙髮令，未足一月而罷。明年，南京陷，重頒之，不薙髮者斬。中國遂淪爲羶腥。
③ 筐篚（fěi）：盛物器。方曰筐，圓曰篚。代指帝王恩賜。
④ "引春"至"詰責"："春秋君弑賊不討，不書葬，以爲無臣子也"。義出公羊傳隱公十一年。
⑤ 山陽：漢獻帝協爲曹丕所迫禪位，降稱山陽公。

本朝傳世十六，正統相承，自治冠帶之族，繼絕存亡，仁恩暇被。貴國昔在先朝，夙膺封號，載在盟府，寧不聞乎！今痛心本朝之難，驅除亂逆，可謂大義復著于春秋矣。昔契丹和宋，止歲輸以金繒；回紇助唐，原不利其土地。況貴國篤念世好，兵以義動，萬代瞻仰，在此一舉。若乃乘我蒙難，棄好崇讎，規此幅員，爲德不卒，是以義始而以利終，爲賊人所竊笑也。貴國豈其然？

　　往先帝軫念潢池，不忍盡戮，剿撫互用，貽誤至今。今上天縱英明，刻刻以復讎爲念。廟堂之上，和衷體國；介胄之士，飲泣枕戈；忠義民兵，願爲國死。竊以爲天亡逆闖，當不越于斯時矣。

　　語曰："樹德務滋，除惡務盡。"① 今逆成未服天誅，諜知捲土西秦，方圖報復。此不獨本朝不共戴天之恨，抑亦貴國除惡未盡之憂。伏乞堅同讎之誼，全始終之德，合師進討，問罪秦中。共梟逆賊之頭，以洩敷天②之憤。則貴國義問，炤耀千秋，本朝圖報，惟力是視。從此兩國世通盟好，傳之無窮，不亦休乎？至于牛耳之盟③，則本朝使臣久矣在道，不日抵燕，奉盤盂④從事矣。法北望陵廟，無涕可揮，身蹈大戮，罪應萬死。所以不即從先帝者，實惟社稷之故。傳曰："竭股肱之力，繼之以忠貞。"⑤ 法處今日，鞠躬致命，克盡臣節，所以報也。惟殿下實昭鑒之。

---

① "樹德"至"務盡"：語出尚書泰誓："樹德務滋，除惡務本。"
② 敷天：普天。
③ 牛耳之盟：春秋諸侯盟約則歃血、割牛耳。此指盟約。
④ 盤盂：盤以盛物，盂以盛水。天子以其銘而紀功，頒賜臣下。
⑤ "傳曰"至"忠貞"：語出左傳僖公九年："臣竭其股肱之力，加之以忠貞。其濟，君之靈也；不濟，則以死濟之。"

課後習題

一、史道鄰回復多爾袞這封書信的主要目的是什麼？他期望能夠達成什麼樣的目的？請你結合古代外交辭令的特點，分析這份書信的結構和內容。

二、明末清初是一個天崩地坼的歷史時期。你如何看待弘光初期以史道鄰爲代表提出的"聯虜平寇"的政策？它是一種被歷史所證明的、極其錯誤的政治方針，還是尚值得肯定和同情的權宜之計？

延伸閱讀

與雲間諸紳①

天禍家國，逆闖橫行。豫楚晋秦，所在淪喪。陵藩肆其蹂躪，黔黎聽其凋殘。用廑聖憂垂二十載，近者鴟張，北向犯闕無疑。法也聞之，五內震裂。夫西平許國，即懷內刃之思；太真忘軀，遂灑登舟之涕。法雖迂疎淺陋，未敢遠附古人。而國難方殷，何敢或後！頃者誓師秣馬，以鼓勤王，而坐乏軍需，點金無術。徬徨中夜，泣下霑衣。

且聞同仇者臣子之心，急公者烈士之義。獻牛十二，賈人之氣猶雄；指粟一囷，朋友之交以篤。矧夫冠裳大雅，正念在君；君辱臣死，于斯尤甚。伏見諸台臺勵捐糜之素志，負報國之孤

---

① 本文選自史忠正公集卷二，乾隆四十九年史開純刻本，續修四庫全書集部第1381册，第198頁。

忠。雖潔身修行，或有心難自效；而毀家佐難，亦大義所不辭。倘邀慷慨之懷，爰下芻荛之賜，則社稷幸甚，天下幸甚！

登西臺慟哭記①

謝翱羽

【題解】

謝翱羽，宋淳祐九年（1249）—乙未（元貞元年，1295），名翱，字皋羽，一字皋父。原籍福建長溪縣（在今福建省霞浦縣），徙浦城縣（今福建省浦城縣）。德祐二年（1276），文文山天祥開府南劍州（今福建省南平市），公率鄉兵從之，任諮議參軍。文山兵敗，公脫歸，拒不再仕。往來浙、閩間，與吳子善思齊、方韶卿鳳等結月泉吟社，相與唱和。著有晞髮集等。

此文作于庚寅年，爲元至元二十七年（1290），文山殉節後第八年。每遇文山諱日，皋羽則集同志哭于名臺，野祭其下。此斯文之所作。從其中的忌諱隱語及避邐舟等情形可以見出，此時蒙古對南宋遺民的防範仍然極爲嚴峻。

始，故人唐宰相魯公②，開府③南服，予以布衣從戎。明年，

---

① 本文選自程敏政編宋遺民錄卷之三，嘉靖二年至四年程威等刻本，第1頁上－第4頁下。
② 唐宰相魯公：指文文山。以避元，故諱之。
③ 開府：開闢府署，選置屬僚。

别公漳水湄。① 後明年，公以事過張睢陽廟②及顏杲卿所常往來處，悲歌慷慨，卒不負其言而從之遊。今其詩具在，可考也。③

予恨死無以藉手見公，而獨記別時語，每一動念，即于夢中尋之。或山水池榭，雲嵐草木，與所別處及其時適相類，則徘徊顧盼，悲不敢泣。又後三年，過姑蘇。姑蘇，公初開府舊治也，望夫差之臺④而始哭公焉。⑤ 又後四年，而哭之于越臺⑥。又後五年及今，而哭于子陵之臺⑦。

先是一日，與友人甲、乙若丙約⑧，越宿而集⑨。午，雨未止，買榜⑩江涘。登岸，謁子陵祠；憩祠旁僧舍，毀垣枯甃⑪，如入墟墓。還，與榜人治祭具。須臾，雨止，登西臺，設主于荒亭隅；再拜，跪伏，祝畢，號而慟者三，復再拜，起。又念予弱

---

① "明年"至"水湄"：文山于德祐二年七月開督府于南劍州。明年（景炎二年，1277）正月，趣兵漳州；三月，入梅州；五月，出梅嶺。公與文山別者在是年。
② 張睢陽廟：廟在潮陽。
③ "後明"至"考也"：祥興元年（1278），文山兵潰被執，九月北徙留燕。過張睢陽、顏常山事在此。詩即沁園春題潮陽張許二公廟、許遠及顏杲卿
④ 夫差之臺：姑蘇臺，在今蘇州姑蘇山。傳爲吳王夫差所建。
⑤ "又後"至"公焉"：德祐元年八月，文山知平州府（今江蘇省蘇州市）。皋羽哭夫差臺在乙酉（元至元二十二年，1285）。
⑥ "又後"至"越臺"：皋羽哭越臺在丙戌（元至元二十三年）。越臺即禹陵，在今紹興會稽山。
⑦ "又後"至"之臺"：皋羽哭子陵臺在庚寅（元至元二十七年），即此篇之所作。子陵臺即西臺，在今桐廬西富春山。傳爲後漢嚴子陵隱居垂釣處。子陵名光，與光武帝同學，屢召不征。後隱居富春山。
⑧ "與友"至"丙約"：甲爲吳思齊，字子善。乙爲嚴侶，字君友。丙爲馮桂芳。俱皋羽友。諱其名，故稱甲乙丙。
⑨ 越宿而集：事在十二月初九日，文山殉節日也。
⑩ 榜（bàng）：划船。
⑪ 甃（zhòu）：井壁。此代指井。

冠時，往來必謁拜祠下。其始至也，侍先君焉。① 今予且老，江山人物，睠②焉若失。復東望，泣拜不已。有雲從西南來，渰浥浮鬱③，氣薄林木，若相助以悲者。乃以竹如意擊石，作楚歌招之曰："魂朝往兮何極。莫歸來兮關水黑。化爲朱鳥兮有咮④焉食？"歌闋，竹石俱碎。于是相向感喟⑤。復登東臺，撫蒼石，還憩于搒中。搒人始驚予哭，云："適有邏舟⑥之過也，盍移諸？"遂移搒中流，舉酒相屬，各爲詩以寄所思。薄莫，雪作風凜，不可留，登岸宿乙家。夜復賦詩懷古。明日，益風雪，別甲于江，予與丙獨歸。行三十里，又越宿乃至。

其後，甲以書及別詩來，言："是日風帆怒駛，踰久而後濟；既濟，疑有神陰相以著兹遊之偉。"予曰："嗚呼！阮步兵⑦死，空山無哭聲且千年矣！若神之助固不可知，然兹遊亦良偉。其爲文辭，因以達意，亦誠可悲已！"予嘗欲做太史公，著季漢月表如秦楚之際⑧。今人不有知予心，後之人必有知予者。于此宜得書，故紀之，以附季漢事後。

時先君登臺後二十六年也。先君諱某字某，登臺之歲在乙丑云。

二、節烈

---

① "其始"至"君焉"：咸淳元年（1265），皋羽年十七，與父鑰登臺。
② 睠（juàn）：同"眷"，眷戀。
③ 渰（yǎn）浥（yì）浮鬱：雲氣蒸騰貌。
④ 咮（zhòu）：鳥嘴。
⑤ 感喟（jiè）：感嘆。
⑥ 邏舟：巡邏的船隻。
⑦ 阮步兵：名籍，字嗣宗，官步兵校尉，故稱。嘗驅車入山，途窮大哭而返。
⑧ "太史"至"之際"：史記有秦楚之際月表，記秦、楚間大事。季漢月表，即季宋月表，寄宋于漢，託于前代。

課後習題

一、謝皋羽哭文山于名臺下的原因是什麽？他爲什麽要作登西臺慟哭記？

二、楊璉真迦盜掘宋六陵，對南宋遺民有什麽影響？你如何看待這一事件？

三、你如何看待元滅宋這一歷史事實？它對中國歷史的發展進程有什麽深遠影響？

延伸閲讀

西臺哭所思①

殘年哭知己，白日下荒臺。
淚落吴江水，隨潮到海回。
故衣猶染碧，后土不憐才。
未老山中客，唯應賦八哀。

---

① 本詩選自晞髮集卷之五，明嘉靖三十四年刊本，宋集珍本叢刊第 91 册，第 46 頁。

正氣歌 并序①

文文山

二、節烈

【題解】

文文山，宋理宗端平三年（1236）—壬午（元至元十九年，1283），初名雲孫，後改名天祥，字宋瑞，又字履善，自號浮丘道人、文山。江南西路廬陵縣（今江西省吉安市）人。理宗寶祐四年（1256），狀元及第。累官刑部侍郎、知瑞州、掌理軍器監兼權直學士院，以忤權相賈似道罷官。德祐元年（1275），蒙軍南下，公率兵勤王，知平江府。二年，知臨安府，加右丞相兼樞密使出使蒙軍，被拘。至真州（今江蘇省儀征市）脫歸，擁益王登極，開府南劍州（今福建省南平市）。景炎二年（1277）八月，空坑（今江西省興國縣附近）戰敗。祥興元年（1278）十二月被俘，挾之隨軍。祥興二年，親見厓山之戰，宋朝覆亡，被執北上入燕。獄中作正氣歌。越三年，壬午十二月九日被殺于柴市。著有指南錄、指南後錄、吟嘯集等。

序：予囚北庭②，坐一土室。室廣八尺，深可四尋。單扉低

---

① 本文選自指南後錄卷之三，文天祥全集，北京：中國書店出版社，1985年，第375—376頁。
② 北庭：元大都（今北京市）。

小，白間①短窄，污下而幽暗。當此夏日，諸氣萃然：雨潦四集，浮動牀几，時則爲水氣；塗泥半朝，蒸漚歷瀾②，時則爲土氣；乍晴暴熱，風道四塞，時則爲日氣；簷陰薪爨，助長炎虐，時則爲火氣；倉腐寄頓③，陳陳逼人，時則爲米氣；駢肩雜遝④，腥臊污垢，時則爲人氣；或圊溷、或毀屍、或腐鼠，惡氣雜出，時則爲穢氣。疊是數氣，當之者鮮不爲厲。而予以孱弱，俯仰其間，于茲二年矣。幸而無恙，是殆有養致然。然爾亦安知所養何哉？孟子曰："吾善養吾浩然之氣。"⑤ 彼氣有七，吾氣有一，以一敵七，吾何患焉！況浩然者，乃天地之正氣也，作正氣歌一首。

天地有正氣，雜然⑥賦流形。下則爲河嶽，上則爲日星。于人曰浩然，沛乎塞蒼冥。皇路⑦當清夷⑧，含和吐明庭⑨。時窮節乃見，一一垂丹青。在齊太史簡⑩，在晉董狐筆⑪。在秦張良

---

① 白間：窗戶。
② 歷瀾：水汽蒸騰貌。
③ 寄頓：積壓。
④ 駢肩雜遝（tà）：人多雜亂。雜遝，雜亂貌。
⑤ "吾善"至"之氣"：原句作："我善養吾浩然之氣"。見孟子公孫丑上。
⑥ 雜然：紛繁貌。
⑦ 皇路：國運。
⑧ 清夷：清平。夷，平。
⑨ 明庭：朝廷。
⑩ 在齊太史簡：魯襄公二十五年（前548），齊大夫崔杼弑其君莊公。齊太史書曰："崔杼弑其君。"杼怒，殺之。其弟嗣書而死者二人。其弟又書之，乃捨。南史氏聞太史盡死，執簡以往。聞既書矣，乃還。事見左傳襄公二十五年。
⑪ 在晉董狐筆：魯宣公二年（前609），晉趙穿弑其君靈公，其兄大夫盾時在邊境。晉太史董狐書曰："趙盾弑其君。"事見左傳宣公二年。

椎①，在漢蘇武節②。爲嚴將軍頭③，爲嵇侍中血④。爲張睢陽齒⑤，爲顏常山舌⑥。或爲遼東帽⑦，清操厲冰雪。或爲出師表，鬼神泣壯烈。或爲渡江楫，慷慨吞胡羯⑧。或爲擊賊笏，逆豎頭破裂⑨。是氣所旁薄，凜烈萬古存。當其貫日月，生死安足論。地維賴以立，天柱賴以尊。三綱實係命，道義爲之根。嗟予遘陽九⑩，隸也實不力。楚囚纓其冠，傳車送窮北。鼎鑊甘如飴，求之不可得。陰房闐⑪鬼火，春院閟⑫天黑。牛驥同一皁，雞棲鳳

二、節烈

---

① 在秦張良椎：張良祖先世爲韓國相。秦滅韓，良乃懷鐵椎重百二十斤，狙始皇帝于博浪沙（今河南省原陽縣東），誤中副車，亡去。事見史記留侯世家。
② 在漢蘇武節：漢天漢元年（前100），武帝遣中郎將蘇子卿武出使匈奴，被押北海，持節不屈，越十九年乃還。時昭帝始元六年（前81）。事見漢書李廣蘇建列傳。
③ 爲嚴將軍頭：後漢建安十八年（213），張飛破江州，太守嚴顏不降，曰："但有斷頭將軍，無有降將軍！"飛乃釋之。事見三國志蜀書張飛傳。
④ 爲嵇侍中血：晉永興元年（304），八王之亂，侍中嵇紹護惠帝而死，血濺帝衣。事平，欲浣衣，帝曰："此侍中血，勿去。"事見晉書嵇紹傳。
⑤ 爲張睢陽齒：張睢陽，唐景龍二年（708）—至德二年（757），名巡，蒲州河東（今山西省永濟縣）人。安史之亂，以御史中丞守睢陽，嚼齒罵賊，城陷遇害。事見新舊唐書張巡傳。
⑥ 爲顏常山舌：顏杲卿，唐長壽元年（692）—至德元年，字昕，京兆萬年（今陝西省西安市）人。安史之亂，以常山太守守城，城陷被俘，斷舌遇害。事見新舊唐書顏杲卿傳。
⑦ 遼東帽：後漢清士管寧有高節，屢徵未辟。嘗避亂遼東（今遼寧省沈陽市），戴黑帽講學。事見三國志魏書袁張涼國田王邴管傳。
⑧ "渡江"至"胡羯"：東晉祖逖率軍渡江北伐，中流擊楫，曰："祖逖不能清中原而復濟者，有如大江！"事見晉書祖逖傳。
⑨ "擊賊"至"破裂"：唐德宗時，朱泚謀反，詔段秀實會議。秀實以笏擊泚，遂見殺。事見新舊唐書段秀實傳。
⑩ 陽九：百六陽九，指國勢危亡。
⑪ 闐（tián）：填塞，充滿。
⑫ 閟（bì）：關閉。

凰食。一朝濛霧露，分作溝中瘠①。如此再寒暑，百沴②自辟易。嗟哉沮洳場③，爲我安樂國。豈有他繆巧，陰陽不能賊。顧此耿耿在，仰視浮雲白。悠悠我心悲，蒼天曷有極。哲人日已遠，典刑在夙昔。風簷展書讀，古道照顏色。

課後習題

一、文文山在獄中曾說"死有五事，惟不自殺"，對比明季死節者衆，你如何看待文山的這一行爲？

二、文山被俘途徑家鄉廬州時，太學生王鼎翁炎午曾作生祭文丞相文，期速其死。你如何看待這一行爲？

延伸閱讀

衣帶絶命詞④

孔曰成仁，孟曰取義。惟其義盡，所以仁至。讀聖賢書，所學何事。而今而後，庶幾無愧。

---

① 溝中瘠：溝中枯骨。語出說苑："死則不免爲溝中之瘠。"
② 沴（lì）：惡氣，疾病。
③ 沮洳（rù）場：低下陰濕之處。
④ 本篇錄自劉岳申文丞相傳，文天祥全集，北京：中國書店出版社，1985年，第494頁。

通論二　章句疏通

一、作爲一種訓詁方式的章句

東漢許慎在説文解字中對章句做了解釋，即"章，樂竟爲一章"，"句，曲也"，這是詞源意義上的章句之意。也就是説，"章"的本意是樂曲的終結，因此有終止之意，"句"則是彎曲的意思。文心雕龍章句對"句"的解釋是"句者，局也。聯字分疆，所以局言者也"，局也是彎曲的意思，彎曲的符號將字進行分段，從而有了句。可見，章句在較早的時候是指劃分語句，相當于句讀，實際上發揮着"離經辨志"的作用。

禮記學記言："古之教者，家有塾，黨有庠、術有序，國有學。比年入學，中年考校，一年視離經辨志。"古代有塾、庠、序、學等教學單位，學生入學以後的一年，有一項很重要的任務就是學會離經辨志。著名經學家鄭玄和孔穎達對此的解釋分別是，"離經，斷句絶也。辨志，謂别其心意所趣向也"，"離經，謂離析經理，是章句斷絶也"。在他們看來，所謂"離經"，就是對一篇文章進行斷句，從而掌握其本意。因此，章句實際上就是離章辨句，這是古人讀經的基本方法。經文的斷句工作完成了，整體的文意則不難把握；如果章句不明，則文意也難以疏通。

著名國學大師吕思勉認爲，"章句之朔，則今符號之類耳"。

其認爲章句一開始的功能類似于今天分章斷句的標點符號。不過，章與句與今天所說的一章和一句並不相同。古人所說的章類似于今天所說的段；句則相當于一個停頓單位，而不是一句完整的話。比如，論語中，一段話就可能構成一章，其中被逗號、頓號隔開的一小段則被稱爲句。可見，章與句的指代在古代和今天有所不同。

在傳統學問中，離章辨句的意識很早就產生了。比如，在甲骨文中就可以看到句讀符號，他們以綫號、分隔號號、橫綫號、曲綫號、折綫號等形式出現，標識出文章的層次。在金文中，又出現了放在文字左下方的鉤識號，與我們現在熟悉的標點符號更加接近。後來的經典文本往往被記錄在竹簡、帛書上，沒有標點符號，也沒有分篇章，使得後人難曉其意。因此，離章辨句就變得非常必要。以此，兩漢時期，章句之學興起，成爲當時最主要的學問形式。一代又一代經師做了大量離章辨句的工作，使我們獲得了比較可靠的文獻，也使得我們的古典思想歷經千年，傳承至今。

離章辨句意義上的"章句"是一種解經方式，也是訓詁的一種主要形式。"訓詁"即訓故，是以當代的語言去解釋古代的語言。以此發展起來的學問被稱爲訓詁學，其涉及的內容遠遠大于離章辨句，還包括解釋詞義、闡明語法、分析句讀、串講文意、分析篇章結構、詮釋成語和典故、敘事與考史、文本校勘等等內容。可見，章句的基本含義是針對章與句的一種重要訓詁形式。

二、作爲一種解經體例的章句

章句除了指離章辨句的訓詁方法，還常常指一種解釋經典的體例，與傳、注、疏、箋等並列。吕思勉在章句論中説："顧考諸古書，則古人所謂章句，似即後世之傳注。"後漢書徐防傳記載："臣聞詩、書、禮、樂，定自孔子，發明章句，始于子夏。"子夏是孔門文學科的代表人物，被認爲是章句這種體裁的創始者。由是，章句體裁的出現被認爲可以追溯至春秋戰國。不過，這種注疏體例的大量出現是在兩漢時期，比如易、書、春秋等經典的"章句"形態。

與其他注釋體例相比，章句體沿襲了離章辨句的基本意圖，在注釋體例上側重串講文意、分章斷句。誠如馮友蘭所説："章句是從漢朝以來的一種注解的名稱。先秦的書是一連串寫下來的，既不分章，又無斷句。分章斷句，都需要老師的口授。在分章斷句之中，也表現了老師對于書的理解，因此，章句也成爲一種注解的名稱。"在兩漢的學術背景下，一種重視分章斷句、闡述章旨的體裁應運而生。

古代書籍當中最具價值的著作被稱作"經"。經的本意是治絲中的經綫，還有恒常、常道的意思；典則是大册、典籍之意。總得來説，經典就是記載人類文明的大經大法的載體。對于經典的解釋性文本成爲中國古代學者學習明理、傳承學問和表達思考的主要形式。除了章句，常見的注釋體裁還有傳、注、疏、記、集解等等。

傳是對經典進行解釋的一種常見形式，比如儒家六經中的春秋，解釋它的文本就有左氏傳、公羊傳、穀梁傳，合稱"春秋三傳"。傳的本義是古代驛站傳遞王命的馬車，被借用以表達傳述經義之意，即"先師所言爲經，後師所言爲傳"。再者，漢初書籍甚少，學者只能通過老師口耳相傳，這也是"傳"的來由。所以，傳就是後學、後覺對先知、先覺者所述經典的傳承和解釋。

另外，注也是一種常見的注疏形式。其本意是灌注，賈公彦撰寫的儀禮疏中記載："注者，注義于經之下，若水之注物也。"其認爲書寫在經文之後的注文就好比水之灌溉于阻塞不通的水道。經典距離後世的時間尚久，人們難以理解，這就好比淤塞不通的河道，因此需要對河道加水以灌注，從而疏通管道；同樣，對于經典，則需要澆灌注解，從而使得今人對古文的理解之途被打通，以使今人能夠理解古文。和傳一樣，注也是一種解經體例，不過由于"注"的説法使用更多，其成爲更爲常見的體例。

和傳、注不一樣的是，疏是對注文的疏通。由于時間的變遷，注文也出現了再詮釋的必要，因此疏這種形式應運而生，常見的表述有義疏、正義、疏義等。這種體裁主要出現在南北朝以降，這一時期對于兩漢魏晉時期的注解感到理解上的困難，于是開始對經和注同時進行注解。"疏"往往遵循"疏不破注"的原則，要求原原本本地還原注家的原意，而不能超出其外，另撰己意。到了唐代，由于流傳着衆多注疏，唐太宗使孔穎達編纂統一體裁的五經注本，被稱爲五經正義，這也是一種典型的"疏"的形式。

另外，隨着注疏的積累，對同一本經典，存在衆多的注釋，不同的注解之間可以相互補充和發明，有些注解則言相近而實不同，有些注解可能意思相左實則相近，因此將其合聚而觀之，並且分辨高下異同，對于後世讀者來説大有裨益，因此在魏晉以後，開始出現將諸家注解彙編爲册的集解、集注。比如朱子的論語集注、孟子集注。

可見，不同的注疏體裁各有其特點和側重。那麽，相對于傳、注、疏等體裁，章句這樣一種形式的特點是什麼呢？劉師培在國學發微中說："故、傳二體，乃疏通經文之字句者也；章句之體乃分析經文之章句者也。"也就是說，傳、注、疏等體裁重在解釋詞義和名物制度，而章句則重在分析經文的結構和層次。前者的重點在字，而後者的重點在篇、章、句。不過，字、句、章、篇之間又是緊密相連的，不能確定字的含義，就沒有辦法準確句讀，進而無法準確把握整章和全篇的結構及義理，因此，雖然章句這種體裁的重點在于分析大意、厘清層次，但也仍然會涉及對字詞的訓解。總得來說，章句是一種以分章析句爲主，同時包含解釋詞義、串講文句的注釋體例。

三、章句之學

隨着章句體的發展，兩漢出現了盛極一時的章句之學。章句之學與章句體有密切關聯，但是不同于注疏體裁，章句學是圍繞章句體延伸出來的一門學問。

章句作爲一種體裁被認爲出現在春秋戰國時期，而章句學的產生則被認爲在西漢宣帝時期。新唐書藝文志載："自六經焚于秦而複出于漢，其師傅之道中絶，而簡編脱亂訛缺，學者莫得其本真，于是諸儒章句之學興焉。其後傳、注、箋、解、義疏之流，轉相講述，而聖道粗明。"章句之學的興盛與漢代所處的文化背景密切相關，經歷了焚書坑儒以後，儒家經典大量焚損，學者難以得其本貌、明其本義。面對留存下來的各種文獻，西漢儒者首先要做的是疏通句義、辨其真僞，在這樣的情況下，章句這種注疏體裁是最爲適用的，因此章句之學開始大行其道。

同時，伴隨着漢武帝獨尊儒術和五經博士的舉措，越來越多的學者投身到章句之學當中，使得章句學成爲漢代的顯學。漢書儒林傳曰："自武帝立五經博士，開弟子員，設科射策，勸以官禄，訖于原始，百有餘年，傳業者寖盛，支葉蕃滋，一經説至百餘萬言，大師衆至千餘人，蓋禄利之路然也。"應劭風俗通義序載："漢興，儒者競複比誼會意，爲之章句，家有五六，皆析文便辭，彌以馳遠；綴文之士，雜襲龍麟，訓注説難，轉相陵高，積如丘山，可謂繁富者也。"從這兩段話中，一方面可以看到漢初章句學的興盛，但同時也透露出章句學的危機和問題。一方面，由于章句之學關乎功名利禄，不乏求利之徒雜于其間；另一方面，爲了確立己説，門派各立，輾轉引用，使得論説愈加繁複，而難以造就真學問。比如，桓譚新論曰："秦延君能説堯典，篇目兩字之説，至十餘萬言；但説'曰若稽古'三萬言。"僅僅篇目"堯典"兩個字，注家就做了十餘萬字的説明，足見當時解經的繁複冗雜。再者，在幾代學者的努力之下，對經典從事離章斷句的工作基本完成且趨于飽和，因此學者開始由離章斷句轉向對名物制度的訓詁，這是章句學走向支葉蕃滋、綴文繁複的另一個原因。

到了東漢，章句之學的問題愈加凸顯，于是經師們開始做減法。論衡效力曰："王莽之時，省五經章句，皆爲二十萬。"後漢書張奐傳曰："初，牟氏章句浮辭繁多，有四十五萬餘言，奐減爲九萬言。"對于繁複的注疏加以凝練，使得東漢末期的章句學漸漸趨于漢初的面貌，比如漢末趙岐的孟子章句便呈現出簡練的特徵。其次，漢末的一些經師打破專守一經和僅守家法的局面，開始出現了兼通諸經的學者，比如著名經學家鄭玄，便是博採衆長的代表。伴隨着這種學問方式，集解和疏也應運而生。另外，錢穆國學概論載："東漢之季，士厭于經生章句之學，四方學者，薈萃京師，漸開遊談之風。"章句學的衰微也伴隨着魏晉清談風氣的興起，同時出現了像王弼這樣一掃前代繁冗拘迫之風的周易注等作品。

時至兩宋，隨着古文運動和道學的興起，學者開始把義理放在最爲重要的位置。在經學上，主張回到經典本身，認爲人心並不是必須仰賴注疏才能得聖人之意，而是可以直接面向經文本身。例如，"伯淳常談詩，並不下一字訓詁，有時只轉却一兩字，點掇地念過，便教人省悟。又曰：'古人所以貴親炙之也。'"伯淳是北宋大儒明道先生（程顥），這段話展現了其教授經典的方法。他不會在文字和訓詁上多花力氣，而是在關鍵的地方替換或更改一兩個字，然後念過去，主要是讓學生切己思考。可見，明道先生認爲要學有所得，便不能把心思僅僅放在訓詁上。和明道先生一樣被尊爲北宋五子的橫渠先生（張載）也同樣認爲："心解則求義自明，不必字字相較。"由此，兩漢的章句訓詁之學轉入了兩宋的義理之學。

基於此，兩宋儒學在注經體例上也出現了新的特點。對於傳統的解經方法和體例，在兩宋仍然得到了一定的繼承，注、章句、集注、集解等形式仍然廣泛見於兩宋儒者的作品中。不過，宋儒不再像兩漢經師那樣將目標主要放在訓詁上，而是重視對經典原文和聖人之意的發揮。因此，在兩宋儒者的經典著作中，繁複的訓詁已經很少見，取而代之的是注經與通義相結合，在簡練的文辭訓釋的基礎上，注重對義理的闡發。比如，南宋大儒朱子（朱熹）的四書章句集注，雖然採用了章句和集注的形式，但與兩漢傳注大不相同，不僅是朱子對儒家四書的注書，也是他展現

二、節烈

理學思想的重要方式。

此外，在兩宋時期，還能看到一些新的解經體例。比如，"本義""新義""講義""口義""精義""或問"等等，這些體例不受漢唐以來解經體例的束縛，給了宋儒闡發義理、抒發己意的空間。比如，朱子在四書章句集注之外，還編纂了論孟精義和四書或問，這兩本著作一改傳統的注疏方式，將先賢闡釋四書的精義彙集，同時加以評論，使得學者能夠從卷帙浩繁的字詞訓詁中解放出來，而對經典義理有更專門和深入的涉獵，這對于學者把握精義、推進對儒家經典義理的闡釋具有重要意義。

清代經學興盛，但章句之學並未復興，而是以考據學的形式重現。清代學術的代表人物戴震說，"由字以通其詞，由詞以通其道"，認爲字、詞是通向義理的基礎和憑藉，章句在通往經義的道路上變得不那麼重要。至此，章句學完成了從兩漢到清代的演變。

四、章句與義理

朱子說："學者必因先達之言以求聖人之意，因聖人之意以達天地之理。"無論是哪種訓詁形式和注疏體裁，最終的目的都是解經以求其意。作爲訓詁方法的斷章辨句和作爲注疏體裁的章句，最終都是爲了彰顯文意，但在歷史的演進中却因傳注的堆砌使得學者往往用力于注解，而不及乎經文，從而聖意不顯、義理不明。

朱子在中庸集解序中說："秦漢以來，聖學不傳，儒者惟知章句訓詁爲事，而不知復求聖人之意，以明夫性命道德之歸。"在其看來，秦漢以降，"只是當時吾道黑淬淬地，只有些章句詞章之學"。這一時期章句之學盛行，聖人之道晦暗不明，義理被埋沒在繁蕪的注釋之下，學者往往致力于理解傳注，而忽視經典本身或者無力迎向經典本身，以此，宋儒解經，更注重明其義理，而不止于章句訓詁。這也是爲何在宋代出現了新的著作體裁和學習方法。

但實際上，章句與義理並不是本然互斥、非此即彼的。對于經典義理的把握離不開離章辨句，正如黃季剛在文心雕龍劄記中所言，"凡爲文辭，未有不辨章句而能工者也；凡覽篇籍，未有不通章句而能識其義者也；故一切文辭學術，皆以章句爲始基"；同樣，離章辨句也離不開義理的輔證，這也是漢初章句之學大興的內在原因。因此，面對經典，如何將章句之學和義理之學統一起來是經師應該考慮的問題。在這個意義上來説，朱子撰編的四書章句集注就是一部極具典範意義的著作。四書章句集注是目前研讀四書最重要、最經典的注本。具體來説，朱子對于大學和中庸的章目及次序以義理加以調整，稱之爲大學章句和中庸章句，這是章句體在宋代的延續；同時，對于四書，皆采諸家之長而彙聚觀之，遂稱爲集注。

在重視義理之學的兩宋時期，朱子仍然非常注重漢唐經學的成果，肯定章句和訓詁的重要性，反對鑿空之論，寄之于虛妄之境。他認爲，"大抵近世言道學者，失于太高，讀書講義，率常以徑易超絶、不歷階梯爲快。"漢唐學者雖然有失之于淺近的問題，但魏晉以降受清談之風和佛老之學的影響，北宋儒者多雜染佛老之學，因此其或失之太高，求速求快，不能安心讀書。因此朱子説："漢、魏諸儒正音讀、通訓詁、考制度、辨名物，其功博矣。"故而四書章句集注也遵循了兩漢經學的基本方式，從文詞的訓詁入手，以簡練的方式來完成基本的字詞訓解，使學者不至將大量時間耗費在研讀繁雜的注釋當中，而能夠在明其言的基礎上進一步涵泳其義。朱子也認爲，"學者觀書，先須讀得正文，記得注解，成誦精熟。注中訓釋文意、事物、名義，發明經指，相穿紐處，一一認得，如自己做出來底一般，方能玩味反覆，向上有透處。若不如此，只是虛設議論，如舉業一般，非爲己之學也。"學者在讀書學習時，不能脫離基本的文意和名物制度，而要對經文和注解做到熟讀成誦，精思其義，反復涵泳，直到對其所傳達的義理有切身的體會，才使得讀書于己有得，而不是如應試之學一般從事于記誦之事，而無關乎進德修業的爲己之學。

不過，雖然章句與義理之間可以互相補充，但就其重要性而言，當以義理爲本。因此朱子說："故治經者必因先儒已成之說而推之。漢之諸儒，所以專門名家，各守師說，而不敢輕有變焉。但其守之太拘，不能精思明辨以求真是，則爲病耳。"朱子認爲，研讀古人成說的目的在于幫助學者掌握經典本義，而非攻于注釋訓解，它是學者走向義理的拐杖，不能成爲理解義理的阻礙，如果像漢儒那樣，專守師說，不得于心，不敢變易，反而會妨害學者對義理的把握。因此，他說："商賜可與言詩者以此。若夫玩心于章句之末，則其爲詩也固而已矣。"在宋明理學家這裏，相對于學問之本的義理，章句是學問之末，因此學者不能捨本逐末，將注意力大量投擲在章句之學而無以更進于義理。這正是伊川先生（程頤）批評兩漢學問的原因，認爲其"只是以章句訓詁爲事"。

同時，我們會看到伊川先生對章句之學與其他學問的對比分析："後之儒者，莫不以爲文章、治經術爲務。文章則華靡其詞，新奇其意，取悦人耳目而已。經術則解釋詞訓，較先儒短長，立異説以爲己工而已。如是之學，果可至于道乎？"所謂"文章"之學，是指文章之學和章句之學。前者是指從事于華麗辭藻堆砌的文學之事，在其看來這只是"取悦人耳目而已"，是"不求于內而求于外"，只是滿足人的耳目之欲，而没有滋養心性，是"欲見知于人"的爲人之學。後者也被稱爲"經術""訓詁之學"，是指專務于對經典的訓詁、解釋，在伊川先生看來，這只是"立異説以爲己工"，"不求于本而求于末"，只是標新立異的末學，而没有抓住學習經典的大本所在。這二者，都無以"至于道"，是"無益于身，君子弗學"。

　　更進一步，伊川先生將當世學問總結爲三種，分别是文章、訓詁與儒者之學："古之學者一，今之學者三，異端不與焉。一曰文章之學，二曰訓詁之學，三曰儒者之學。欲趨道，舍儒者之學不可。今之學者有三弊：一溺于文章，二牽于訓詁，三惑于異端。苟無此三者，則將何歸？必趨于道矣。"文章和訓詁之學在其看來都是無益于人、無以至道的，只有儒者之學才是向道所在，是求于內和求于本的自得之學、爲己之學。"學者當以道爲本。心不通乎道，而較古人之是非，猶不持權衡而酌輕重，竭其目力，勞其心智，雖使時中，亦古人所謂'億則屢中'，君子不貴也。"在伊川先生看來，儒者之學就是"以道爲本"，學問的目的是心通乎道，默識心通，而不僅僅只是從事博物多能、外于己的"見聞之知"的積攢工作，成爲文士或講師；更不是爲異端蠱惑，從事于絶物、斷思慮的"絶聖棄智"行爲。這既明確了儒學與異端之學的邊界，爲判教指明了方向，也對儒學內的學問進行了正本清源，確立起了儒學之爲儒學的大本所在。

二、節烈

五、如何疏通章句

研讀經典，義理之學爲本，章句之學爲具。一方面，不能捨本逐末，另一方面，也要充分發揮章句在研讀義理中的作用。

就目前而言，對于研究新出土的竹簡、帛書等新材料和未經整理的古籍，章句學仍然是非常重要的工具。這些文獻研究在初期，往往更多地表現爲章句學。

除此以外，即便是研讀熟悉的古籍，諸如四書五經，仍然可能在離章辨句上存在爭議。例如，論語"子曰：君子不重則不威，學則不固。主忠信。無友不如己者"章，字詞的含義比較清晰，但學者仍然無法"由詞以通其道"，因爲不同的斷句會出現不同的理解。清代學者毛奇齡和江永認爲，漢代經學家對此章的斷句有問題，"主忠信"以下應該另起一章，而漢儒却將其混爲一章。在現代學者的論語研究著作中，這兩種斷句並行不悖，仍無定論。可見，離章辨句即使在學者熟悉的經典中仍然有用武之地。

再者，朱子曰："張子韶説中庸'所求乎子以事父，未能也'，到'事父'下點做一句。看他説'以聖人之所難能'，這正是聖人因責人而點檢自家有未盡處，如何恁地説了？而今人多説章句之學爲陋，某看見人多因章句看不成句，却壞了道理。"朱子認爲，學者當以義理爲重，但也不應輕視章句的重要性，以免因爲章句工夫不到家而反過來錯認義理。比如，伊川先生對于性與理關係的重要論述也面臨離章辨句的問題。現在通行的版本是"性即理也，所謂理，性是也"。然而，是否要在理和性之間斷開在過去存在爭議，而是否斷開又關係到對整句話和伊川先生核心思想的理解。可見，離章辨句的意識和工作在讀書當中仍然非常重要。

另外，除了在一段話的句讀中發揮作用，章句學對于理解全文、把握要旨也非常必要。吕思勉在章句論序言中説："昔人論詁訓，多僅及一字及一成語，或則間及句法，及于篇章者蓋罕。然予竊疑古書編次之錯亂，行款之混淆，有非加以是正，則其義不明者。遇古書此等處，後人妄爲之説；世俗論文之家，反謂古人有意爲之，可見其文字之妙。心竊非之，而未敢發也。中歲以後，用力稍深，益覺向説之不可易。"章句學除了點讀，還具有整理文意、劃分層次的作用，這對于把握經文内容也具有重要意義。具體來說，吕思勉認爲遇到不確定的内容時，不應妄爲之說，也不可像論文之家一樣，做一種機巧之辯，而應該就此用力，以體文意。

對于這一點，在朱子讀書法中亦能窺得。如前所言，朱子肯定漢儒所從事的訓詁工作，認爲哪怕是意在義理之學，仍然不能離開經文字詞的基本含義和離章辨句，聖人之意是建立在此基礎之上的，此即朱子讀書法六大綱領之一的"熟讀精思"。學者不是一上來便毫無依憑地得聖人之意，而首先要對經文和注文做深入的研讀和思考，對章句學所處理的内容有基本的掌握。進而加以"虚心涵泳""切己體察"。所謂虚心，就是剔除自身的前見和穿鑿的理解，平心靜氣地看待經典，以公平正大的心去涵泳、體察，從而更加原本地領悟經典之意。同時，對經典之意的領會又會反哺文章之學。畢竟離章辨句和分析章旨不僅僅是由詞可達，其關乎經典的内涵和聖人立言用心，對于義理的把握便能夠幫助章句學更好地展現自身。

二、節烈

三、爲學

杜詩學引[*]

元遺山

【題解】

元遺山，金章宗明昌元年（1190）—元憲宗七年（1257），名好問，字裕之，號遺山。"其詩嗣響子美，方軌放翁，古文渾雅，樂府疏快，國亡以文獻自任。所著壬辰雜編雖失傳，而元人纂修金史，多本其書，故獨稱雅正。詩文史學，萃于一身"[①]，爲"一代宗工"。有元遺山先生全集、中州集等存世。

金哀宗正大二年（1225）夏，遺山自汴京權國使館編修任上告假返回登封，閑居嵩山，撰杜詩學，輯杜工部傳、志、年譜及唐以後論工部者，此篇即其序。

杜詩注六七十家，發明隱奧[②]，不可謂無功。至于鑿空架虛[③]，旁引曲證，鱗雜米鹽[④]，反爲蕪累[⑤]者亦多矣。要之，蜀人

---

[*] 本文選自元好問全集下冊，太原：山西人民出版社，1990年，第24—25頁。
① 繆鉞元遺山年譜匯纂。
② 隱奧：隱微深邃的要旨。奧，室中西南角，幽隱而最尊。
③ 鑿空架虛：憑空穿鑿杜撰。
④ 鱗雜米鹽：精粗混雜，不加辨別。鱗雜，像魚鱗一樣參差錯雜。
⑤ 蕪累：冗雜累贅。

趙次公①作證誤,所得頗多,託名于東坡者②爲最妄。非託名者之過,傳之者過也。

竊嘗謂子美之妙,釋氏③所謂學至于無學④者耳。今觀其詩,如元氣淋漓,隨物賦形⑤;如三江五湖,合而爲海,浩浩瀚瀚,無有涯涘⑥;如祥光慶雲⑦,千變萬化,不可名狀,固學者之所以動心而駭目。及讀之熟,求之深,含咀之久,則九經⑧百氏⑨古人之精華,所以膏潤其筆端者,猶可髣髴⑩其餘韻也。夫金屑、丹砂、芝、朮、參、桂⑪,識者例能⑫指名之;至於合而爲劑,其君臣佐使⑬之互用、甘苦酸鹹之相入,有不可復以金屑、丹砂、芝、朮、參、桂而名之者矣。故謂杜詩爲無一字無來處亦可也,謂不從古人中來亦可也。前人論子美用故事⑭,有"著鹽水中"⑮之喻,固善矣;但未知九方皋⑯之相馬,得天機於滅没

---

① 趙次公:宋嘉州龍遊(今四川樂山)人,著注杜詩五十九卷,今存杜詩先後解散帙,遺山所稱證誤即此。
② 託名東坡者:指託名東坡所著老杜事實,時人多嗤其謬。
③ 釋氏:佛家。
④ 學至于無學:指所學融會貫通,仿若無迹。
⑤ 隨物賦形:隨所在物呈現爲不同的樣子。
⑥ 涘(sì):水邊。
⑦ 慶雲:五色祥雲。
⑧ 九經:九部儒經。在宋爲易、書、詩、周禮、儀禮、禮記、春秋左傳、論語、孟子。
⑨ 百氏:泛指諸子百家。
⑩ 髣髴:比擬、幾近。
⑪ 金屑、丹砂、芝、朮(zhú)、參、桂:泛指藥材。丹砂,即朱砂。
⑫ 例能:皆能。
⑬ 君臣佐使:藥材之間的主從翼導關係。
⑭ 故事:典故。
⑮ 著鹽水中:將鹽溶化在水中,形容混融爲一,不著痕迹。
⑯ 九方皋:春秋時善相馬者。

存亡之間，物色牝牡①人所共知者，爲可略耳。

先東嚴君②有言：近世唯山谷③最知子美，以爲今人讀杜詩，至謂草木蟲魚皆有比興④，如試世間商度⑤隱語然者，此最學者之病。山谷之不注杜詩，試取大雅堂記讀之，則知此公注杜詩已竟⑥，可爲知者道，難爲俗人言也。

乙酉之夏，自京師還，閑居崧山。因錄先君子⑦所教，與聞之師友之間者爲一書，名曰杜詩學。子美之傳志年譜，及唐以來論子美者在焉。候兒子輩可與言，當以告之，而不敢以示人也。

六月十一日，河南元某引。

課後習題

一、如何理解"學至于無學"？

二、爲何黃山谷與元遺山認爲讀杜詩，"至謂草木蟲魚皆有比興，如試世間商度隱語然者"，最爲學者之病？

---

① 物色牝牡：牲畜毛色雌雄。
② 先東嚴君：遺山先父元德明，自號東嚴。
③ 山谷：宋黃庭堅，號山谷老人。
④ 比興：詩大序朱子注："比，以彼狀此。""興，託物興詞。"
⑤ 商度：商量揣度。
⑥ 竟：完畢。
⑦ 先君子：先父。

延伸閱讀

論詩三十首節選[1]

元遺山

之一

漢謠魏什久紛紜，正體無人與細論。
誰是詩中疏鑿手？暫教涇渭各清渾。

之二

曹劉坐嘯虎生風，四海無人角兩雄。
可惜并州劉越石，不教橫槊建安中。

之四

一語天然萬古新，豪華落盡見真淳。
南窗白日羲皇上，未害淵明是晉人。

之五

縱橫詩筆見高情，何物能澆塊壘平？
老阮不狂誰會得？出門一笑大江橫。

之七

慷慨歌謠絕不傳，穹廬一曲本天然。
中州萬古英雄氣，也到陰山敕勒川。

之十

排比鋪張特一途，藩籬如此亦區區。
少陵自有連城璧，爭奈微之識碔砆。

---

[1] 本篇選自元好問全集上冊，太原：山西人民出版社，1990年，第337—338頁。

之十一

眼處心生句自神，暗中摸索總非真。
畫圖臨出秦川景，親到長安有幾人！

大雅堂記①

黃山谷

丹稜楊素翁，英偉人也。其在州閭鄉黨，有俠氣，不少假借人。然以禮義，不以財力稱長雄也。聞余欲盡書杜子美兩川、夔峽諸詩，刻石藏蜀中好文喜事之家，素翁粲然，向余請從事焉。又欲作高屋廣楹廡此石，因請名焉。余名之曰"大雅堂"，而告之曰："由杜子美以來，四百餘年，斯文委地，文章之士，隨世所能，傑出時輩，未有升子美之堂者，況室家之好耶？余嘗欲隨欣然會意處箋以數語，終以汩沒世俗，初不暇給。雖然，子美詩妙處，乃在無意于文。夫無意而意已至，非廣之以國風、雅、頌，深之以離騷、九歌，安能咀嚼其意味，闖然入其門耶？故使後生輩自求之，則得之深矣；使後之登大雅堂者，能以余說而求之，則思過半矣。彼喜穿鑿者，棄其大旨，取其發興，于所遇林泉人物、草木魚蟲，以為物物皆有所托，如世間商度隱語者，則子美之詩委地矣。"素翁可，並刻此于大雅堂中。後生可畏，安知無渙然冰釋于斯文者乎？

---

① 本文選自黃庭堅全集正集卷第十六，北京：中華書局，2021年，第437頁。

滄洲精舍諭學者　又諭學者

朱　子

【題解】

朱子，南宋高宗建炎四年（1130）—寧宗慶元六年（1200），名熹，字元晦，一字仲晦，自號晦庵、晦翁，又號紫陽、考亭等，諡文。繼孔、孟、周、程之緒而下開來學，爲孔子之後又一集大成者。著有四書章句集注、四書或問、詩集傳、易學啓蒙、周易本義、資治通鑒綱目等，議論書札編爲朱子語類、晦庵先生朱文公文集，今皆入朱子全書。

光宗紹熙五年（1194）十二月十二，朱子在建陽居所之東建成竹林精舍（後稱滄洲精舍），次日釋菜。禮畢，朱子爲諸生講說爲學之要，滄洲精舍諭學者、又諭學者即大概作于此時。滄洲精舍諭學者感佩前輩文人學寫文章用工之勤，而嘆惜其所學與自身無關，虛費時日精神，責備今日學道者反不如學文者勤勉切至，勸勉諸生效其勤篤，切己涵詠聖賢典籍而精思力行，築實從師受學的基址。又諭學者則進一步勉勵諸生勇猛立志並繼以實功。

---

* 本篇選自晦庵先生朱文公文集卷七十四，朱子全書第二十四冊，上海：上海古籍出版社；合肥：安徽教育出版社，2010年，第3593—3594頁。

滄洲精舍諭學者

老蘇①自言其初學爲文②時，取論語、孟子、韓子③及其他聖賢之文而兀然端坐④，終日以讀之者七八年。方其始也，入其中而惶然以博，觀于其外而駭然以驚。及其久也，讀之益精，而其胸中豁然⑤以明，若人之言固當然者，然猶未敢自出其言也。歷時既久，胸中之言日益多，不能自制。試出而書之，已而再三讀之，渾渾⑥乎覺其來之易矣。

予謂老蘇但爲欲學古人說話聲響，極爲細事，乃肯用功如此，故其所就⑦亦非常人所及。如韓退之、柳子厚⑧輩亦是如此。其答李翊、韋中立之書⑨，可見其用力處矣。然皆只是要作好文章，令人稱賞而已，究竟何預⑩己事？却用了許多歲月，費了許多精神，甚可惜也。

今人説要學道⑪，乃是天下第一至大至難之事，却全然不曾着力，蓋未有能用旬月功夫熟讀一卷書者。及至見人，泛然發

---

① 老蘇：蘇洵，字明允，號老泉，唐宋八大家之一。
② 爲（wéi）文：做文章。
③ 韓子：名愈，字退之，諡文，學者稱韓昌黎、韓文公，唐宋八大家之一。
④ 兀然端坐：挺直身軀，端正地坐著。兀，高而上平。
⑤ 豁然：開廣貌。
⑥ 渾渾：暢盛貌。
⑦ 就：成就。
⑧ 柳子厚：名宗元，字子厚，學者稱柳柳州，唐宋八大家之一。
⑨ 指韓文公的答李翊書與柳柳州的答韋中立論師道書。
⑩ 預：關涉。
⑪ 道：猶路，天下所共循由的事物當然之理。

問，臨時湊合，不曾舉得一兩行經傳成文①，不曾照②得一兩處首尾相貫。其能言者，不過以己私意③敷演立説④，與聖賢本意、義理實處了無干涉⑤，何況望其更能反求諸⑥己，真實見得、真實行得耶？

如此求師，徒費脚力。不如歸家杜門⑦，依老蘇法，以二三年爲期，正襟危⑧坐，將大學、論語、中庸、孟子及詩、書、禮記、程⑨、張⑩諸書分明易曉處反復讀之，更就自己身心上存養玩索⑪、着實行履⑫，有個入處，方好求師，證其所得而訂⑬其謬誤，是乃所謂"就有道而正焉"⑭者，而學之成也可冀⑮矣。如其不然，未見其可。故書其説，以示來者云。

---

① 成文：完整有條理。
② 照：照應。
③ 私意：出于一己之私意。意，心之所發。
④ 敷演立説：鋪排推闡，創立主張。
⑤ "義理"至"干涉"：（與）仁義禮智的着實切身之處毫無關係。
⑥ 諸：之乎的合音。
⑦ 杜門：關上門。杜，塞。
⑧ 危：高峻。
⑨ 程：二程。大程名顥，字伯淳，學者稱明道先生；小程名頤，字正叔，學者稱伊川先生。皆在宋五子中。
⑩ 張：張子，名載，字子厚，學者稱橫渠先生。宋五子之一。
⑪ 存養玩索：操存涵養，玩繹求索。
⑫ 履：踐履。
⑬ 訂：改正。
⑭ 就有道而正焉：語出論語學而"就有道而正焉，可謂好學也已"，謂即有道之人而正其是非。
⑮ 冀：希求。

又諭學者

書不記，熟讀可記；義不精，細思可精；唯有志不立，直是無着力處。只如而今貪利祿而不貪道義，要作貴人而不要作好人，皆是志不立之病。直須反復思量，究①見病痛起處，勇猛奮躍，不復做此等人。一躍躍出，見得聖賢所說千言萬語都無一字不是實語，方始立得此志。就此積累功夫，迤邐②向上去，大有事在③。諸君勉旃④，不是小事。

課後習題
一、如何是讀書切己？
二、何謂立志？

延伸閱讀一

新書院告成，明日欲祀先聖先師，古有釋菜之禮，約而可行，遂檢五禮新儀，令具其要者以呈。先生終日董役，夜歸即與諸生斟酌禮儀。雞鳴起，平明往書院，以廳事未備，就講堂行禮。宣聖像居中，兗國公顏氏、郕侯曾氏、沂水侯孔氏、鄒國公孟氏西向配，北上。並紙牌子。濂溪周先生、東一。明道程先生、西一。伊川程先生、東二。康節邵先生、西二。司馬溫國文正公、東三。

---

① 究：推求窮盡。
② 迤邐（yǐ lǐ）：相續不絕。
③ 大有事在：有大量事在（這裏需要去做）。
④ 旃：之焉的合音。

横渠張先生、西三。延平李先生東四。從祀。亦紙牌子。並設于地。祭儀別録，祝文別録。先生爲獻官，命賀孫爲贊；直卿、居甫分奠，叔蒙贊，敬之掌儀。堂狹地潤，頗有失儀，但獻官極其誠意，如或享之。鄰曲長幼並來陪。禮畢，先生揖賓坐，賓再起，請先生就中位開講。先生以坐中多年老，不敢居中位，再辭不獲，諸生復請，遂就位，説爲學之要。午飯後，集衆賓飲，至暮散。* 賀孫

延伸閲讀二

朱子語類卷八、卷十、卷十一，朱子全書第十四册，上海：上海古籍出版社，合肥：安徽教育出版社，第3593—3594頁。

---

* 本文選自朱子語類卷九十，朱子全書第十七册，上海：上海古籍出版社；合肥：安徽教育出版社，第3028頁。

顔子所好何學論

程伊川

【題解】

程伊川，南宋仁宗明道二年癸酉（1033）—徽宗大觀元年庚午（1107），名頤，字正叔，卒諡正公。伊川與其兄明道，久居洛陽，創"洛學"。二程門人弟子據所見聞問答，作程氏遺書、程氏外書，與程子著作周易程氏傳、河南程氏經説、河南程氏文集等，被收入二程全書，今稱二程集。

宋仁宗皇祐二年（1150），伊川時年十八，上書仁宗，並乞召對，不報而遊太學。是時，胡安定先生製義出題，考問諸生，伊川應答而成此文。安定考究學者本領學問，伊川所答亦直入學問根本。在當時，學問之途歧分爲"文章""訓詁""異端"三途，學者溺于文而爲"文士"，牽于訓詁而爲"講師"。與此不類，伊川以求道之"儒學"爲志業。在學問方面，他重視學以養心，復歸本有之德性，強調研習經典以近根本，視文辭爲末習，對于專攻詞章藻繪之美、滯心章句之末者有所批評。

在伊川，求道者之典範有顔子。此文圍繞聖人于弟子三千中

---

① 本文選自河南程氏文集卷第八，二程著，王孝魚點校二程集，北京：中華書局，1981年，第577頁。今録入此篇，全文標點稍有改動。

獨稱顏子好學，顏子之好學在于"學以至聖人之道"。文中回答了幾個環環相扣的問題：一則，"顏子之與聖人，相去一息"，何謂也？二則，聖人可學而至？其理由何在？三則，"學之道"如何？

（先生始冠①，遊太學，胡安定②以是試諸生，得此論，大驚異之，即請相見，遂以先生爲學職。）

聖人之門，其徒三千，獨稱顏子③爲好學。夫詩、書六藝④，三千子非不習而通也。然則顏子所獨好者，何學也？學以至聖人之道⑤也。

聖人可學而至歟？曰：然。學之道如何？曰：天地儲精⑥，得五行之秀者爲人⑦。其本⑧也真而靜⑨，其未發也五性⑩具焉，

---

① 始冠：士年二十束髮加冠。然，據朱子考訂，此時伊川年十八。
② 胡安定：名瑗，字翼之，稱安定先生。安定與孫複、石介並稱爲"北宋三先生"，主要作品有春秋要義、春秋口義、周易口義等。
③ 顏子：名淵，字子淵。孔門弟子中兼言語、政事、文學而入德行科者。顏子有"不遷怒、不貳過"之工夫效驗，其境界之高與天分之利。顏子之進學不止，惜早死，孔子獨稱其好學。
④ 詩、書六藝：詩、書六藝之文。其既可指詩、書、禮、易、樂、春秋此"六經"，又可指禮、樂、射、御、書、數此"六藝"。（此注參照朱子語類卷第二十一中對論語學而"弟子入則孝"章的解釋："文是詩、書六藝之文。詩、書是大概詩、書，六藝是禮、樂、射、御、書、數。"）
⑤ 道：方法。
⑥ 天地儲精：天地儲蓄得二氣之精聚。
⑦ 五行：金、木、水、火、土。
⑧ 本：本體，指下文之"真也靜"者，或"未發"之"五性具"。
⑨ 真：不雜人僞，真實不虛。靜：寂然不動，心之未發。
⑩ 五性：仁、義、禮、智、信。

曰：仁、義、禮、智、信。形既生矣，外物觸其形而動于中矣①。其中動而七情②出焉，曰：喜、怒、哀、樂、愛、惡、欲。情既熾③而益蕩④，其性鑿矣⑤。是故覺者約其情使合于中，正其心，養其性，故曰：性其情⑥。愚者則不知制之，縱其情而至于邪僻，梏其性而亡之，故曰：情其性⑦。凡學之道，正其心，養其性而已。中正而誠，則聖矣。君子之學，必先明諸心，知所養，一作往。⑧ 然後力行以求至，所謂自明而誠⑨也。故學必盡其心。盡其心，則知其性，知其性，反而誠之，聖人也⑩。故洪範曰：「思曰睿，睿作聖。」誠之之道，在乎信道篤。信道篤則行之果，行之果則守之固：仁義忠信不離乎心，"造次必于是，顛沛必于是"⑪，出處語默必于是。久而弗失，則居之安，動容周旋中禮，而邪僻之心無自生矣。

故顏子所事，則曰："非禮勿視，非禮勿聽，非禮勿言，非

---

① "外物"至"中矣"：外物觸之而心有所動。
② 七情：下文"喜怒哀樂愛惡欲"。一作"喜怒哀樂愛懼欲"。
③ 熾：熱烈。
④ 蕩：任意妄作，不可約束。
⑤ 其性鑿矣：不順其自然之善性而穿鑿之。同于孟子"所惡于智者，爲其鑿也"（孟子離婁下）之"鑿"。
⑥ 性其情：指去除私慾，天理自明，性能直發而成爲合理之情。
⑦ 情其性：指私慾流蕩，天理遮蔽，情任意妄作而傷自然之性。
⑧ 一作往：朱子以"往"字爲是，意爲有方向准的。（此注參照朱子語類卷第三十："一本作'知所養'，恐'往'字爲是，'往'與'行'字相應。"及"'知所往'是，應得力行求至。"）
⑨ 自明而誠：中庸"自明誠，謂之教"。意爲由明善而至于誠，此爲賢人之學。
⑩ "反而"至"人也"：反身而誠，以達聖人之境。"誠者""誠之者"即天道、人道之別，亦即聖人與學者之別。
⑪ 語出論語里仁。意爲無論急遽苟且之時抑或傾覆流離之際皆不違仁。（此注參照朱子四書章句集注）

禮勿動。"① 仲尼稱之，則曰"得一善，則拳拳服膺而弗失之矣"②，又曰"不遷怒，不貳過"③，"有不善未嘗不知，知之未嘗復行也"④。此其好之篤，學之之道也。視聽言動皆禮矣，所異于聖人者，蓋聖人則不思而得⑤，不勉而中⑥，從容中道，顏子則必思而後得，必勉而後中。故曰：顏子之與聖人，相去一息。孟子曰："充實而有光輝之謂大，大而化之之謂聖，聖而不可知之謂神。"⑦ 顏子之德，可謂"充實而有光輝"⑧ 矣，所未至者，守之也，非化之也。⑨ 以其好學之心，假之以年，則不日而化矣。故仲尼曰："不幸短命死矣。"⑩ 蓋傷其不得至于聖人也。所謂化之者，入于神而自然，不思而得、不勉而中之謂也。孔子曰"七十而從心所欲不踰矩"⑪ 是也。

或曰："聖人，生而知之者也。今謂可學而至，其有稽⑫

---

① 語出論語顏淵。意爲違背道理、出于一己之私的視聽言動必須禁止。
② 語出中庸。指顏子真知其善，能奉持而著之心胸之間。（此注參照朱子四書章句集注）
③ 語出論語雍也。指顏子能做到不遷怒于他人，往昔之過錯不會再犯。
④ 語出易繫辭下。
⑤ 不思而得：聖人氣質清明純粹，不待思慮而有道理之全然呈現。
⑥ 不勉而中：聖人不待勉強而能不偏不倚、無過不及。
⑦ 語出孟子盡心下。此句區分大、聖、神，德業至盛則爲"大"；德業至盛而泯然不可見，說明己與理合而爲一，此爲"聖"；"聖"便是理，而有不可知之處，則爲"神"。
⑧ 充實而有光輝："力行其善，至于充滿而積實"。"英華發外"，形容"德業至盛而不可加"。（此注參照朱子四書章句集注）
⑨ "所未"至"之也"：顏子能持守"充實而有光輝"之德，而不能至于聖人"大而化之"之境。顏子之能守，即上文"信道篤則行之果，行之果則守之固"。
⑩ 語出論語雍也。嘆顏子之早亡。
⑪ 語出論語爲政。
⑫ 稽：考察，探究。

乎?"曰:"然。孟子曰:'堯、舜,性之也,湯、武,反之也。'① 性之者,生而知之者也。反之者,學而知之者也。"又曰:"孔子則生而知也,孟子則學而知也。後人不達,以謂聖本生知,非學可至,而爲學之道遂失。不求諸己而求諸外,以博文強記、巧文麗辭爲工②,榮華③其言,鮮有至于道者。則今之學,與顏子所好異矣。"

課後習題

一、文中"君子之學,必先明諸心,知所養,一作往。然後力行以求至,所謂自明而誠也。"加點字"養"與"往"區別何在?

文中"是故覺者約其情使合于中,正其心,養其性,故曰:性其情。愚者則不知制之,縱其情而至于邪僻,梏其性而亡之,故曰:情其性。"加點字如何理解?

二、"顏子之與聖人,相去一息",何謂也?

三、聖人"可學而至",其理由何在?

四、"學之道"如何?

延伸閱讀

二程著,王孝魚點校二程集河南程氏文集卷第八。北京:中華書局,1981年,第338-346頁。

二程著,王孝魚點校二程集河南程氏粹言卷第一論學篇。北

---

① 語出孟子盡心上,原文爲:"堯舜,性之也;湯武,身之也;五霸,假之也。"
② 工:專攻、專長。
③ 榮華:華美的辭藻。

京：中華書局，1981年，第1183－1199頁。

　　黎靖德編王星賢點校朱子語類卷第三十仲弓問子桑伯子章。

答韋中立論師道書

柳柳州

【題解】

柳柳州，唐代宗大曆八年（773）—憲宗元和十四年（819），名宗元，字子厚，後世以祖籍河東稱柳河東，或以官終柳州刺史稱柳柳州。"唐宋八大家"之一，善詩文，更有封建論、天說等論著，皆編爲柳河東集。

元和八年，潭州刺史韋彪之孫韋中立致信請求師從，本篇即柳柳州答書。此書述師道之衰，故欲辭其名而取其實，並詳細闡述了自己"文以明道"的主張及對作文法的理解。

二十一日，宗元白：

辱書①云欲相師，僕②道不篤③，業甚淺近，環顧其中，未見可師者。雖常好言論，爲文章，甚不自是④也。不意吾子自京師

---

* 本文選自柳宗元集，北京：中華書局，1979年，第871頁。
① 辱書：（蒙您）屈尊來信。
② 僕：第一人稱謙辭。
③ 篤：深厚純一。
④ 自是：自信。

來蠻夷①間，乃幸見取②。僕自卜③固無取，假令有取，亦不敢爲人師。爲衆人師且不敢，況敢爲吾子④師乎？

孟子稱："人之患在好爲人師。"⑤由魏晋氏以下，人益不事師。今之世不聞有師，有輒譁笑之，以爲狂人。獨韓愈⑥奮不顧流俗，犯笑侮，收召後學，作師說，因抗顔⑦而爲師。世果群怪聚罵，指目牽引⑧，而增與爲言辭。愈以是得狂名，居長安，炊不暇熟，又挈挈⑨而東，如是者數矣。屈子賦曰："邑犬群吠，吠所怪也。"⑩僕往聞庸蜀⑪之南，恒雨少日，日出則犬吠，余以爲過言。前六七年，僕來南。二年冬，幸大雪踰嶺⑫，被南越⑬中數州。數州之犬，皆蒼黃⑭吠噬狂走者累日，至無雪乃已，然後始信前所聞者。今韓愈既自以爲蜀之日，而吾子又欲使吾爲越之雪，不以病乎⑮？非獨見病，亦以病吾子。然雪與日豈有過哉！顧吠者犬耳，度今天下不吠者幾人，而誰敢衒⑯怪于群目，

---

① 蠻夷：柳柳州當時被貶爲永州司馬，此指永州貶所。
② 見取：被認爲可以取法。見，表被動。
③ 自卜：自我估量。
④ 吾子：第二人稱親近之辭。
⑤ 語出孟子離婁上。
⑥ 韓愈：字退之，學者稱韓昌黎、韓文公，"唐宋八大家"之一。
⑦ 抗顔：容色嚴正。抗，舉。
⑧ 指目牽引：指指點點，用眼神示意，相互牽拽。
⑨ 挈挈：煢獨狀。
⑩ 語出楚辭九章懷沙："邑犬之群吠兮，吠所怪也。"
⑪ 庸蜀：泛指四川。庸古國在川東夔州一帶，蜀古國在成都一帶。
⑫ 踰嶺：越過大庾嶺等五嶺。
⑬ 南越：兩廣一帶。
⑭ 蒼黃：同"倉皇"。
⑮ 不以病乎：不是自處困辱嗎？以，同"已"。病，困辱。
⑯ 衒（xuàn）：顯露、矜誇。

以召鬧取怒乎？僕自謫過以來，益少志慮。居南中①九年，增腳氣病，漸不喜鬧，豈可使呶呶②者早暮咈③吾耳、騷吾心，則固僵僕煩憒④，愈不可過矣。平居望外⑤遭齒舌⑥不少，獨欠爲人師耳。

抑又聞之，古者重冠禮，將以責⑦成人之道，是聖人所尤用心者也。數百年來，人不復行。近有孫昌胤者，獨發憤⑧行之。既成禮，明日造朝⑨，至外庭，薦笏⑩言于卿士曰："某子冠畢。"應之者咸憮然⑪。京兆尹鄭叔則怫然⑫曳笏却⑬立曰："何預我耶！"廷中皆大笑。天下不以非鄭尹而快孫子⑭，何哉？獨爲所不爲也。今之命師者大類此。

吾子行厚而辭深，凡所作，皆恢恢⑮然有古人形貌，雖僕敢爲師，亦何所增加也？假而以僕年先吾子，聞道著書之日不後，

---

① 南中：泛指嶺南。
② 呶（náo）呶：喧嘩不止。
③ 咈（fú）：同"拂"，違戾。
④ 憒：心亂。
⑤ 望外：意料之外。
⑥ 齒舌：口舌。
⑦ 責：要求。
⑧ 發憤：決意、奮力。
⑨ 造朝：去往朝廷。造，到某地去。
⑩ 薦笏：將笏板插在衣帶中。薦，通搢。
⑪ 憮（wǔ）然：怪愕貌。
⑫ 怫（fú）然：變色不悅貌。
⑬ 却：退。
⑭ "天下"至"孫子"：天下人並不因此認爲鄭叔則是錯的，爲孫昌胤感到快慰。非、快，皆意動用法。
⑮ 恢恢然：寬大貌。

誠欲往來言所聞，則僕固願悉陳中①所得者。吾子苟自擇之，取某事、去某事，則可矣。若定是非以教吾子，僕材不足，而又畏前所陳者，其爲不敢也決矣。吾子前所欲見吾文，既悉以陳之，非以耀明于子，聊欲以觀子氣色，誠好惡何如也。今書來言者皆大過，吾子誠非佞譽誣諛之徒，直②見愛甚，故然耳。

　　始吾幼且少，爲文章，以辭爲工③；及長，乃知文者以明道，是固不苟爲炳炳烺烺④，務采色、誇聲音⑤而以爲能也。凡吾所陳，皆自謂近道，而不知道之果近乎、遠乎？吾子好道而可⑥吾文，或者其于道不遠矣。故吾每爲文章，未嘗敢以輕心掉⑦之，懼其剽⑧而不留也；未嘗敢以怠心易⑨之，懼其馳而不嚴也；未嘗敢以昏氣出之，懼其昧沒⑩而雜也；未嘗敢以矜氣作之，懼其偃蹇⑪而驕也。抑之欲其奧⑫，揚之欲其明，疏之欲其通，廉之欲其節，激而發之欲其清，固而存之欲其重，此吾所以

---

① 中：心中。
② 直：僅是。
③ 工：巧。
④ 炳炳烺（lǎng）烺：光明顯耀。
⑤ 務采色、誇聲音：專力于使辭藻華麗，因聲韻優美而自矜。務，專力。采，同"彩"。
⑥ 可：認可。
⑦ 掉：搖動、玩弄。
⑧ 剽：輕浮。
⑨ 易：輕忽。
⑩ 昧沒：昏昧隱沒。
⑪ 偃蹇：高傲。
⑫ 奧：深沉蘊藉。

羽翼①夫道也。本之書以求其質②，本之詩以求其恒③，本之禮以求其宜④，本之春秋以求其斷⑤，本之易以求其動⑥，此吾所以取道之原⑦也。參之穀梁氏以厲⑧其氣，參之孟、荀以暢其支⑨，參之莊、老以肆⑩其端，參之國語以博其趣⑪，參之離騷以致⑫其幽，參之太史公以著其潔⑬，此吾所以旁推交通⑭，而以爲之文也。

凡若此者，果是耶，非耶？有取乎，抑其無取乎？吾子幸觀焉、擇焉，有餘以告焉。苟亟⑮來以廣是道，子不有得焉，則我得矣，又何以師云爾哉！取其實而去其名，無招越、蜀吠怪而爲外廷所笑，則幸矣。

宗元白。

---

① 羽翼：襄贊輔佐。此指以文章助成道理彰顯。
② 質：實。本于尚書以求文章誠樸慤實。
③ 恒：常。本于詩經以求文章合于人的性情之常。
④ 宜：適理而安。本于三禮以求文章合當有條理。
⑤ 斷：裁斷。本于春秋以求文章論事截然分明，無贅謬。
⑥ 動：變易。本于周易以求文章周流變化，不僵滯。
⑦ 原：同"源"。
⑧ 厲：同"礪"。參酌春秋穀梁傳來砥礪文章的氣勢。
⑨ 支：同"枝"。參酌孟子、荀子來使文章理勢雄渾，直達枝末。
⑩ 肆：窮盡。參酌老子、莊子來使文章汪洋恣肆，窮盡邊際。
⑪ 趣：意趣。參酌國語來使文章意趣廣大。
⑫ 致：推極。參酌離騷來使文章推極人情隱微。
⑬ 潔：清簡。參酌太史公的著作來使文章辭藻簡潔、志意清朗。
⑭ 旁推交通：以五經爲本，而參酌以上著作來從旁推擴，交互貫通。
⑮ 亟（qì）：屢次，常常。

三、爲學

課後習題

一、如何看待師道的實與名？

二、請簡述柳柳州的"文以明道"之說。

延伸閱讀

答李翊書*

韓文公

六月二十六日，愈白李生足下：

生之書辭甚高，而其問何下而恭也！能如是，誰不欲告生以其道？道德之歸也有日矣，況其外之文乎。抑愈所謂望孔子之門牆而不入于其宮者，烏足以知是且非邪？雖然，不可不爲生言之。

生所謂"立言"者，是也；生所爲者與所期者，甚似而幾矣。抑不知生之志，蘄勝于人而取于人邪，將蘄至于古之立言者邪？蘄勝于人而取于人，則固勝于人而可取于人矣；將蘄至于古之立言者，則無望其速成，無誘于勢利，養其根而俟其實，加其膏而希其光。根之茂者其實遂，膏之沃者其光曄。仁義之人，其言藹如也。

抑又有難者，愈之所爲，不自知其至猶未也，雖然，學之二十餘年矣。始者非三代、兩漢之書不敢觀，非聖人之志不敢存。

---

* 本文選自韓文公著，劉真倫、岳珍校注韓愈文集彙校箋注卷六，北京：中華書局，2010年，第699—701頁。

處若忘，行若遺，儼乎其若思，茫乎其若迷。當其取于心而注于手也，惟陳言之務去，戛戛乎其難哉！其觀于人也，不知其非笑之爲非笑也，如是者亦有年，猶不改，然後識古書之正僞與雖正而不至焉者，昭昭然白黑分矣，而務去之，乃徐有得也。當其取于心而注于手也，汩汩然來矣。其觀于人也，笑之則以爲喜，譽之則以爲憂，以其猶有人之說者存也。如是者亦有年，然後浩乎其沛然矣。吾又懼其雜也，迎而距之，平心而察之，其皆醇也，然後肆焉。雖然，不可以不養也，行之乎仁義之途，遊之乎詩、書之源，無迷其途，無絕其源，終吾身而已矣。

氣，水也；言，浮物也。水大而物之浮者大小畢浮。氣之與言猶是也，氣盛則言之短長與聲之高下者皆宜。雖如是，其敢自謂幾于成乎？雖幾于成，其用于人也，奚取焉？雖然，待用于人者，其肖于器邪？用與舍屬諸人，君子則不然。處心有道，行己有方，用則施諸人，舍則傳諸其徒，垂諸文而爲後世法。如是者，其亦足樂乎，其無足樂也？

有志乎古者希矣，志乎古必遺乎今，吾誠樂而悲之。亟稱其人，所以勸之，敢褒其可褒而貶其可貶也。問于愈者多矣，念生之言不志乎利，聊相爲言之。

愈白。

進學解[1]

韓文公

【題解】

韓愈，唐代宗大曆三年（768）—穆宗長慶四年（824），字退之，郡望昌黎，世稱韓昌黎，曾任吏部侍郎，稱韓吏部，卒諡文，又稱韓文公。文公批評受漢、魏、六朝影響的駢儷之時文，主張閎中肆外，發起以六經爲歸旨的"古文運動"。今存韓昌黎集四十卷，外集十卷，遺文一卷。

舊唐書韓愈傳載："復爲國子博士，愈自以爲才高，累被擯黜，作進學解以自喻。……執政覽其文，而憐之以其有史才，改比部郎中、史館修撰。"進學解作于唐憲宗元和八年（813），此前韓文公嘗上章千言論唐德宗時政務之弊，因言獲罪，被貶爲連州山陽令。又，韓文公過華陰，以爲刺史趙昌陰相黨而責罪柳澗，上書爲澗打抱不平，後監察御史李宗奭坐實澗罪，定韓文公此前妄論，復爲國子博士。韓文公才高而數黜，官又下遷，故作進學解以自喻。韓文公將怨懟之詞托之"弟子"，以自咎之詞托之己，是爲得體。此文圍繞"業精""行成"在于"勤"與"思"

---

[1] 本文選自韓文公著，劉真倫、岳珍校注韓愈文集彙校箋注卷二，北京：中華書局，2010年，第146頁。今録入此篇，全文標點稍有改動。

展開，強調學問從入之途在于"口不絶吟于六藝之文，手不停披于百家之編"，學問之歸旨在于"觝排異端"。學問以文著，而文以道爲内核，文道一貫，即"閎其中而肆其外"。

國子先生晨入太學，招①諸生立館下，誨之曰："業精于勤，荒于嬉；行成于思，毁于隨②。方今聖賢相逢，治具③畢④張⑤。拔去兇邪，登崇畯⑥良。占⑦小善者率以録，名一藝者無不庸。爬羅剔抉⑧，刮垢磨光⑨。蓋有幸而獲選，孰云多而不揚？諸生業患不能精，無患有司之不⑩明；行患不能成，無患有司之不公。"

言未既⑪，有笑于列者曰："先生欺余哉！弟子事先生，于茲有年矣。先生口不絶吟⑫于六藝之文，手不停披⑬于百家之編，

---

① 招：或作"召"。
② 隨：因循隨俗。
③ 治具：語本莊子天道："驟而語形名賞罰，此有知治之具，非知治之道。"指治國的措施。
④ 畢：或作"必"。
⑤ 張：實施。
⑥ 畯：或作"俊"。
⑦ 占：具有。
⑧ 爬羅剔抉：發掘搜羅，剔除篩選。指搜羅人才。"爬"，或作"把"。
⑨ 刮垢磨光：刮去污垢，磨出光亮。指精心造就人才。
⑩ 不：或作"不能"。
⑪ 既：據穀梁傳："既者，盡也。"
⑫ 吟：或作"唫"（yín）。
⑬ 披：翻閲。

記①事者必提其要，纂言者必鈎其玄②。貪多務得，細大不捐③，焚④膏油以繼晷⑤，恒矻矻⑥以窮年。先生之于業，可謂勤矣！牴排異端，攘斥佛老；補苴⑦罅漏⑧，張皇⑨幽眇⑩。尋墜緒⑪之茫茫⑫，獨旁搜⑬而遠紹⑭；障⑮百川而東之，回狂瀾于既倒。先生之于儒，可謂有勞矣！沉浸醲鬱⑯，含英咀華；作爲文章，其書滿家。上規⑰姚、姒⑱，渾渾⑲無涯；周誥⑳、殷盤㉑，佶屈聱牙㉒；春秋謹嚴，左氏浮誇；易奇而法，詩正而葩㉓。下逮莊、騷，太史所錄，子雲、相如，同工異曲。先生之于文，可謂閎其

① 記：或作"紀"。
② 鉤其玄：探求其精義。
③ 細大不捐：大小兼容而不拋棄。
④ 焚：或作"燒"。
⑤ 繼晷：夜以繼日。
⑥ 矻矻：勤勉貌。或作"兀兀"。
⑦ 補苴（jū）："苴"指鞋裏墊的草。"衣弊不補，履決不苴"，語見呂氏春秋，指填補、彌縫。
⑧ 罅（xià）漏：裂縫。
⑨ 張皇：張大，闡發。
⑩ 幽眇（miǎo）：精微。
⑪ 墜緒：指斷絕的學統。
⑫ 茫茫：或作"芒芒"。
⑬ 旁搜：廣泛搜求。
⑭ 紹：繼承。
⑮ 障：阻止。或作"停"。
⑯ 醲鬱：濃厚馥郁。"醲"或作"釀"。
⑰ 規：效法，摹擬。如規撫、規仿、規法等。
⑱ 姚、姒（sì）：虞舜之姓爲姚，夏禹之姓爲姒。代指尚書中的虞書、夏書。
⑲ 渾渾：深而大。
⑳ 周誥：尚書周書中，大誥、召誥、康誥、酒誥、洛誥等篇的合稱。
㉑ 殷盤：尚書商書盤庚篇。
㉒ 佶（jí）屈聱（áo）牙：指文辭艱澀難讀。
㉓ 葩：本指花，引申爲華美。

中而肆①其外矣。少始知學，勇于敢爲；長通于方②，左右具③宜。先生之于爲④人，可謂成矣！然而公不見信于人，私不見助于友。跋前疐後⑤，動輒得咎⑥。暫爲禦史，遂⑦竄南夷⑧。三年博士⑨，冗不見治。命與仇謀，取⑩敗幾時。冬暖而兒號寒，年豐⑪而妻啼飢。頭童齒豁⑫，竟死何裨⑬？不知慮此，而反敎人爲？"

先生曰："吁！子來前。夫大木爲杗⑭，細木爲桷⑮，欂櫨⑯侏儒⑰，椳⑱闑⑲扂⑳楔㉑，各得其宜，施以成室者，匠氏之工

三、爲學

① 肆：盡、極。
② 方：道。參考漢書韓安國傳："通方之士，不可以文亂。"顔師古注："方，道也。"
③ 具：或作"其"，或作"且"。
④ 爲：朱子疑"爲"字衍。
⑤ 跋前疐（zhì）後：同"跋胡疐（zhì）尾"，出自詩豳風狼跋"狼跋其胡，載疐其尾"，喻進退兩難。"疐"或作"躓"。
⑥ 咎：罪。
⑦ 遂：或作"逐"。
⑧ 南夷：指韓文公被貶謫地陽山（今廣東省陽山縣）。
⑨ 三年博士：韓文公元和元年六月爲博士，四年六月遷都官。
⑩ 取：或作"其"。
⑪ 豐：或作"登"。
⑫ 頭童齒豁（huō）：猶言頭禿齒缺。
⑬ 裨（pí）：益處。
⑭ 杗（máng）：棟樑。
⑮ 桷（jué）：屋椽（chuán）。
⑯ 欂（bó）櫨（lú）：短木上承托棟梁的斗形方木。
⑰ 侏儒：指侏儒柱，即梁上的短柱。
⑱ 椳（wēi）：承門樞紐的門臼。
⑲ 闑（niè）：門中央所立的短木。
⑳ 扂（diàn）：門閂。
㉑ 楔（xiē）：門框兩側豎立的長木。

也。① 玉札丹砂，赤箭青芝②，牛溲馬勃，敗鼓之皮③，俱收並蓄，待用無遺者，醫師之良也。登明選公，雜進巧拙，紆餘④爲妍，卓犖⑤爲傑，校短量長，惟器是適者，宰相之方也。昔者孟軻好辯，孔道以明，轍⑥環天下，卒老于行。荀卿守正，大論是弘，逃讒于楚⑦，廢死蘭陵。是二儒者，吐辭爲經，舉足爲法，絕類離倫，優入聖域，其遇⑧于世何如也！今先生學雖勤而不繇⑨其統，言雖多而不要⑩其中，文雖奇而不濟于用，行雖修而不顯⑪于衆。猶且月費俸⑫錢，歲靡⑬廩粟，子不知耕，婦不知織。乘馬從徒，安坐而食。踵常途之促促，窺陳編以盜竊⑭。然而聖主不加誅，宰臣不見斥，茲非其幸歟⑮！動而得謗⑯，名亦

① "各"至"也"：或無"宜"字，"室"下有"屋"字，"工"作"功"。
② "玉札"至"青芝"：名貴中藥名。
③ "牛溲"至"之皮"：牛溲，指牛尿，或指車前草。馬勃，生濕地及腐木上之菌類，或名馬屁菌。敗鼓之皮，指壞了的鼓皮，或可治蠱毒。皆粗賤藥材名。
④ 紆（yū）餘：屈曲貌，指才氣從容。
⑤ 卓犖（luò）：超絕貌，指才氣卓絕。或作"犖犖"。
⑥ 轍：車輪足迹。
⑦ 逃讒于楚：指荀子避讒言而適楚。參見史記荀卿列傳。
⑧ 遇：或作"進"。
⑨ 繇（yóu）：古同"由"。
⑩ 要（yāo）：求。
⑪ 顯：或作"洎"（jì）。
⑫ 俸：或作"奉"。
⑬ 靡：通"縻"，浪費。
⑭ "踵常"至"盜竊"：行于常途而拘謹小心，竊取舊籍陳言而無新異見解。"促促"或作"役役"。"編"或作"篇"。
⑮ 茲非其幸歟：或無"其"字，或作"此非其利哉"。
⑯ 謗：惡意攻擊。

隨之。投閑置散，乃分之宜。若夫商①財賄②之有亡，計③班資④之崇痺⑤，忘己量之所稱⑥，指前人之瑕疵，是所謂詰⑦匠氏之不以杙⑧爲楹⑨，而訾⑩醫師以昌陽引年⑪，欲進其豨苓⑫也。

課後習題

一、理解闡釋下列句子中的加點詞："先生之于文，可謂閎其中而肆其外矣。"

二、文中舉"匠氏之工""醫師之良""宰相之方"，爲了説明什麽？

延伸閱讀

韓文公著，劉真倫、岳珍校注韓愈文集彙校箋注卷五，答尉遲生書，北京：中華書局，2010年，第607頁。

韓文公著，劉真倫、岳珍校注韓愈文集彙校箋注卷十一，送高閑上人序，北京：中華書局，2010年，第1154頁。

韓愈傳，舊唐書卷一百一十。

---

① 商：謀算。
② 財賄：俸禄。
③ 計：較量。
④ 班資：品秩。
⑤ 痺（bēi）：通"卑"。
⑥ 稱（chèn）：相符。
⑦ 詰：指責。
⑧ 杙（yì）：小木橛。
⑨ 楹：大木柱。
⑩ 訾：非議。
⑪ 引年：延年。
⑫ 豨（xī）苓：藥材名，服之可利尿。

通論三　文獻檢索

"文獻"一詞最早見于論語八佾："子曰：'夏禮吾能言之，杞不足徵也；殷禮吾能言之，宋不足徵也。文獻不足故也，足則吾能徵之矣。'"漢、宋諸儒將"文"釋爲"文章""典籍"，將"獻"釋爲"賢"，可見古代稱"文獻"，不僅指記載于書册的文獻材料，也包括口耳相傳的文辭、言論。尚書虞書中"典"記事實，"謨"記言論，即"文獻"的舊例。司馬遷史記、班固漢書亦循此例。然而，今人使用"文獻"一詞範圍擴大，如繪畫、古迹等亦被歸入。

一、按來源劃分的文獻及類書的檢索

依"文獻"一詞的原意，典册記載與口耳相傳可作爲劃分文獻的標準。此外，還有其它的劃分標準，按來源劃分出"著作"、"編述"與"抄篡"，便是其中一種，從中可以看出不同的價值立場與學術理路。

(一)"著作"、"編述"與"抄篡"

禮記樂記："作者之謂聖，述者之謂明。"孔子言："述而不作，信而好古。"① 進而有"述"與"作"之分。在史家看來，

---

① 論語述而。

"作"是開創的意思,指前所未有的創造,故而有漢代王充的解釋:"造端更爲,前始未有,若倉頡作書,奚仲作車是也。"①"述"指對先有的文獻進行加工整理的工作。依此,作,如六經的撰寫;述,如孔子贊易,修春秋,删詩、書,訂禮、樂的工作。前者形成"著作",後者形成"編述"。除"著作"與"編述"之外,還有一種將紛繁複雜的材料分門別類撮録的方式,稱"抄纂"。孔門弟子相與輯録而形成的論語便屬于這一類,後世的藝文類聚、太平御覽、文獻通考、朱子語類、近思録、西山讀書記等皆屬此類。此類抄纂的文獻,或稱爲類書。

與史家比,理學家對"作"與"述"的判分,帶有不同價值立場。朱子言:"述,傳舊而已。作,則創始也。故作非聖人不能,而述則賢者可及。"②朱子仍然從"創始"與"傳舊"的意義上區别"作"與"述",但重在强調一種聖、賢意識:惟聖人能作,賢人能述,作與述重在價值的開創與接續。一種技術性的造物、成物之功不在"作"的範圍之内,同樣,技術性的整理、加工亦不屬"述"。聖人之作,是順天地萬物之性情,呈現其本來的樣子,因作了前人未作之事,則爲創始。如聖人作易,盡天地人物之變,統爲六十四卦、析爲三百六十四爻;又如聖人作禮、樂,基于人性人心同然的善,品節、和順人之情,在殊事與異文、更朝與迭代中,找到一以貫之、相因相循的基礎。正由此故,聖人之作是一種自然的創作,同時又是最本源、最基礎的工作,這爲變動、複雜的歷史現象提供連綿不絶、生生不息的價值

---

① 對作篇。見王充著,張宗祥校注,鄭紹昌標點論衡校注,上海:上海古籍出版社,2013年,第570頁。
② 朱子四書章句集注,北京:中華書局,1983年,第93頁。

源頭，從而向身處不同時代的人們呈現共同的道德核心與原則。賢人之述，重在辨明聖人所釐定的價值源頭與道德核心，其方式是訓説義理。從這個意義上説，著作是原則與道理之書，是聖人所作的經典，編述則是對道理的辨明與闡釋之作。不是所有的原創之作能稱爲著作，孔子所作的論語也不能視爲抄纂的類書。

基于此，若仍然依據史家對著作、編述與抄纂的劃分，至少，孔子的論語及其所删定的六經便須單列出來，而稱爲經典著述。

（二）類書、分類之書及其檢索

類書是常用文獻資料的輯録與抄纂。張滌華先生將其定義爲："則凡薈萃成言，裒次故實，兼收衆籍，不主一家，而區以部類，條分件系，利尋檢，資採掇，以待應時取給者，皆是也。"①

皇覽作爲最早的類書，在荀勖的中經新薄中被列入史部。在舊唐書經籍志、新唐書藝文志、文獻通考藝文志及四庫全書總目中，子部專門有"類事"或"類書"類。類書的抄纂，在唐以前，有皇覽（劉劭等奉敕編撰）、要覽（陸機撰）、書圖泉海（張式撰）等；唐宋以來，又有群書治要（魏徵等輯）、北堂書鈔（虞世南輯）、藝文類聚（歐陽詢等輯）、初學記（徐堅等奉敕撰）、太平御覽（宋太宗時敕修）、册府元龜（宋真宗時敕修）、海録碎事（葉廷珪）、經子法語（洪邁）、新箋決科古今源流至論（林駉、黄履翁）等；明清之際，有中秘元本（吕柟撰）、六經類聚（徐常吉編）、類書纂要（周魯輯）、永樂大典（明永樂年間成

---

① 張滌華類書流別，北京：商務印書館，1985年，第4頁。

祖修)、古今圖書集成(清康熙年間所修)等。

值得一提的是,清人陳夢雷編纂、蔣廷錫等校的古今圖書集成,目前已出版多個版本:有 1934 年中華書局影印本 800 冊,另含 8 冊考證;有 1985—1988 年中華書局和巴蜀書社精裝本 80 冊,另含考證和索引各 1 冊。根據這些已有的古籍整理成果,目前建立了電子數據庫與相應的索引數據庫,大大方便了讀者。

一些被納入子部儒家類、經部小學類的書同樣具有抄纂、輯錄典籍而成書的性質,從廣義上看,它們也屬類書。比如:爾雅、小學集注(朱熹)、近思録(朱熹)、群書考索(章如愚)、性理群書句解(熊節)、性理大全書(胡廣)、性理指歸(姚舜牧)、性理精義(李光地)等。

類書對于保存文獻起到積極的作用,類書的檢索與使用,爲學術研究帶來便利。

首先,在古籍散亡的情況下,依靠類書的記録,今人幸而知曉這些遺文舊事。如:四庫全書總目著録的典籍中,三百八十多種典籍出自永樂大典。無疑,這對文獻的保存和流傳起了積極的作用。又如:全祖望在編撰宋元學案時,輯取了永樂大典中世所不傳的宋人集,如:全祖望在爲唐仲友(説齋)作的學案中提到:"説齋著書,自六經解而下,共三百六十卷,文集又四十卷,今皆求之不可得。近于永樂大典中得其文若干首,詩若干首,鈔而編之,以備南宋一家之言。"①

其次,類書的編撰,爲學者系統地搜索研究資料提供便利。

---

① 説齋學案,黃宗羲著,全祖望補修,陳金生、梁運點校宋元學案卷六十,北京:中華書局,1986 年,第 1961 頁。

如，關于孔子思想的文獻資料，目前可見的有宋人楊簡的先聖大訓、宋人薛據的孔子集語、明人潘士達的論語外篇（又名增訂論語外篇）、明人安夢松、蔡復賞分別輯録的孔聖全書、清人曹廷棟的孔子逸語、清人馬驌孔子類記、清人孫星衍孔子集語等。其中，孫星衍的孔子集語，體例最爲完備，取材最爲全面。嚴可均總結該書的纂輯大例，稱該書不載入舉世誦習的論語、孟子等書中的材料；也不載入專門別類的孔叢子、孔子家語等材料；同時也不載入易于檢尋的史記孔子世家等材料；凡所載入的文獻有群經傳注、祕緯等。作者做到了廣泛搜羅、隻句畢登。如此看來，若研究孔子思想，這部書便是極好的資料類編之作。

再如，談到類書帶來的便利，如朱子和吕東萊纂輯近思録，輯録周、程、張子之書，將理學體系按專題歸類，將廣大閎博的義理濃縮到一本册子中。一來方便初學之士，博而返約、下學而上達，二來省去身處窮鄉僻壤的學子索書之苦。

除此之外，類書編纂之利還在于，爲後世了解一個時代的學術主流、思想風向打開一扇窗。如：宋理宗時，因科舉用書之需，林駉、黃履翁輯録的古今源流至論，分前、後、續、別各四集。在前集中，開篇是太極圖與太極論，其後是西銘、性學、心學、中等篇，可見在當時，理學道統觀念被國家政治秩序所重視。在此書心學篇中，林駉將邵康節視作心學體系在宋代的始傳者，並將濂洛之學視爲正學，心學與性學並行不悖。這一點，與明代嘉靖年間將心學獨指王學的學脈判分不同。這些認識，對我們了解學術觀念的變遷，無疑是有益的。

但是，類書的編撰，也存在搜集資料不完備、輯録欠完整、材料真僞夾雜等問題，這些都需要留意與分辨。並且，過度地依賴類書帶來的便捷，也會有害學之弊。四庫全書總目子部類書類序提出："此體一興，而操觚者易于檢尋，注書者利于剽竊。輾轉稗販，實學頗荒。"作文者、注書者在使用類書時，實現了檢索、查詢之便，但也因少了博觀群書、深入考索的工夫，使得學問落于空疏而不實。

如：作爲十三經之一的爾雅，在圖書編目"四部分類法"中，入經部小學類。但根據其編撰體例，張舜徽先生稱其爲類書之祖①，張滌華先生亦稱："分類之書，爾雅最古。"② 爾雅凡十九篇，大部分是古人在解經中訓詁名物的彙編，此書有釋詁、釋言、釋親、釋天、釋草等篇目。後世傳注家，若不考究而徑直汲取，可能會有誤用。朱子便指出："爾雅乃是纂集古今諸儒訓詁以成書，其間蓋亦不能無誤。"③ 朱子在楚辭辯證中就有"爾雅說四極，恐未必然"④ 的考證。

朱子傳注經典，擷取爾雅，而始終保持謹慎、細緻的態度。朱、陸二人曾針對"極"字展開深入探討，以辨明周子太極圖說中"太極"之意，朱子認爲"極者，至極而已"⑤，象山則同意梭山"五殊二實，二本則一，曰一曰中，即太極也"的觀點，提

---

① 張舜徽先生認爲："分類登載，有條不紊，此非類書而何？談到中國的類書，應該從爾雅算起。"文見：張舜徽中國文獻學，上海：東方出版社，2019年，第50頁。
② 張滌華類書流別，北京：商務印書館，1985年，第16頁。
③ 答陸九淵書六，晦庵先生朱文公文集卷三十六，朱子全書第二十一册，上海：上海古籍出版社；合肥：安徽教育出版社，2010年，第1574頁。
④ 楚辭集注，朱子全書第十九册，第191頁。
⑤ 答陸九淵書五，晦庵先生朱文公文集卷三十六，朱子全書第二十一册，第1567頁。

出"極亦此理，中亦此理"① 之論。朱子一方面基于爾雅釋詁篇"極"訓"至"，爾雅釋言篇"殷、齊"訓"中"之説，提出爾雅文本未嘗"以'極'爲'中'"，同時也指出，"爾雅乃是纂集古今諸儒訓詁以成書，其間蓋亦不能無誤，不足據以爲古。"② 朱子的爾雅"不足據以爲古"論，針對象山以大傳、洪範、毛詩、周禮"爲古"論，在朱子，"爲古"不能作爲攝取其説的充分理由。且象山認爲，此四本古書中以"中"訓"極"，朱子也是反對的。説文解字："極，棟也。"棟位于一屋之正中，且高高在上，所以中、高是極的引申義。朱子説："先儒以此極處常在物之中央而爲四方之所面内而取正，故因以中釋之，蓋亦未爲甚失。而後人遂直以極爲中，則又不識先儒之本意矣。"③ 朱子注經，深入遍察、精微考索，這爲我們合理地使用類書之便樹立了典範。

二、按編撰類型劃分的文獻及其檢索

除了按來源作爲文獻劃分的標準之外，處理不同類别的文獻，還可以按照不同的方式編撰，形成不同類型的書籍。這些書籍有：通史或專門史、地方志、地圖、圖表、字典、叢書。

(一) 通史或專門史及其檢索

史書是基于歷史的叙述，按縱的方式編撰形成的書籍。修史

---

① 與朱元晦二，鍾哲點校陸九淵集，北京：中華書局，1980年，第28頁。
② 答陸九淵書六，晦庵先生朱文公文集卷三十六，朱子全書第二十一册，第1574頁。
③ 答陸九淵書六，晦庵先生朱文公文集卷三十六，朱子全書第二十一册，第1574頁。

者通貫歷朝歷史而作通史，記錄每一朝代的歷史則爲斷代史。除此之外，還有一類專門史，有講專門的政治制度的，也有講學術發展的。

最早的通史是司馬遷所作的史記，該書汲取了舊有整理的文獻，如詩、書、左傳、戰國策等；又收集了原未整理成編的文獻，如曆術、禹本紀、秦記等。從體例上看，此書有以人物爲中心的本紀十二篇、世家三十篇、列傳六十九篇、自序一篇，有以時間爲中心的表十篇，也有以事物爲中心的書八篇，分別記載了禮、樂、律、曆、天官、封禪、河渠、平準八書的內容。這些內容分門別類地匯總成一個資料庫，方便後人檢閱。比如，史記中的孔子世家與仲尼弟子列傳是研究孔子思想繞不開的文獻。

此後的通史還有宋人鄭樵所作的通志二百卷與清代三通館臣奉敕修撰的續通志六百四十卷。通志中的傳、記、年譜刪錄諸史而成，二十略則記錄了上古至唐代的名物制度。續通志的傳、記自唐初至元末，二十略始于五代，終于明末。這兩部通史著作與專載名物制度的另外八部典籍，合稱爲"十通"。這八部典籍是：唐人杜佑所撰的通典、清代三通館臣奉敕纂修的續通典、清朝通典、清朝通志、元代馬端臨的文獻通考、清代三通館臣奉敕纂修的清朝文獻通考、民國劉錦藻的清朝續文獻通考。"十通"爲我們了解歷代的名物典章制度提供了便利。

對于中國哲學研究者來說，學術思想史作品是我們最常用到的專門史著作。學案便屬此類。有學者認爲，從完整的體例上來看，黃梨洲的明儒學案當屬最早的學術史著作，也有學者將最早的學術史著作追溯到劉宗周的皇明道統錄（已亡佚，學述部分置入明儒學案，稱師說。）或朱子編纂的伊洛淵源錄。

伊洛淵源録一書，輯採周子、二程、康節、橫渠五先生及其交遊、門弟子四十一人的事狀、行狀、年譜、遺事、遺書、門人朋友敘述、哀辭、墓表、祭文等材料，間添以按語，以明伊洛一脈的師弟子授受關係，可見朱子所承認的自宋以來的道統傳承譜系。此書之後，明人謝鐸作伊洛淵源續錄六卷，其中錄入朱子門人黃勉齋所撰行狀等，以見朱子"授受源委，與夫出處履歷之詳"①。除此之外，還有明代宋端儀撰、薛應旂重修的考亭淵源錄二十四卷。明人馮從吾的元儒考略、劉元卿的諸儒學案、周汝登之聖學宗傳、孫奇逢之理學宗傳，乃至堪稱宏博的黃宗羲之明儒學案、黃宗羲原著與全祖望補修之宋元學案，諸書皆因循沿革，承其流風，形成了學案體的專門史作品。可見，將伊洛淵源錄視作此體之肇端，是有道理的，莫伯驥更是稱："遠西諸邦有學史，朱子之書，實爲吾國學史之先道。"②

今天我們所見到的學案體或學術思想史作品，除上述所列舉書目之外，還有統貫一個時代，爲學人而作的國朝漢學師承記（清人江藩）、國朝宋學淵源記（清人江藩）、國朝學案小識（清人唐鑒）、清儒學案（徐世昌等編撰）、中國三百年學術史（錢穆）、民國學案（今人張豈之主編）等等；有專就某位學者或學派撰寫的二程學案（黃宗羲）、關學編（馮從吾）、關學續編（王心敬等）、朱子新學案（錢穆）等等；也有提綱挈領介紹某人生平、學術或著述的碑傳集（清人錢儀吉）、碑傳集補（民國閔爾昌）。現代學人所作的學史類作品，如各種中國哲學史著作，無

---

① 莫伯驥五十萬卷樓群書跋文史二。轉引自朱子全書第十二冊，第1128頁。
② 莫伯驥五十萬卷樓群書跋文史二。轉引自朱子全書第十二冊，第1128頁。

疑也是此體的新表達。

　　學術思想史著作，爲我們提供更豐富的研究材料，打開更廣闊的思想視域，形成更深入的問題意識。如：若查找程伊川弟子周行己的材料，可見于伊洛淵源錄與宋元學案。伊洛淵源錄取遺書語錄，以及謝上蔡與胡文定之語。宋元學案卷三十二周、許諸儒學案介紹周行己，黃梨洲爲其作生平、著作、學脈傳承等介紹，全祖望又補錄了浮沚語及浮沚記。這爲我們索取資料提供便利。朱子、黃梨洲對周行己的評價大不相同。朱子的評價不高，從他取伊川評價"進銳者其退速"，取上蔡評價"立不住便做了"，便可見。梨洲則認爲："晦翁謂先生學問'靠不得'者，恐太過。"另外，與朱子將行己視爲伊川門人不同，全祖望認爲行己嘗從關學巨擘呂藍田，是橫渠的再傳弟子；黃梨洲又提出南渡之後，鄭景望作爲周行己的私淑弟子，又是永嘉之學的中流砥柱，可見行己屬永嘉學派。這些相異的判斷，值得我們仔細研究。

　　但是，在使用學術史資料時，也要警惕因作者的學術背景而產生的門戶之見。如：劉元卿的諸儒學案明顯帶有王學立場，從其錄入該書的陳白沙、王陽明、鄒謙之、王心齋、王龍溪、歐陽德、羅念安諸人學脈便可見其用心。又如，李穆堂親象山學，李穆堂與全謝山是關係極其密切的學友，全謝山補錄宋元學案，難免受李穆堂影響。再如，黃梨洲是王學背景，這是不爭的事實，因而在明儒學案中，因門户之見而作的判斷就未必準確。比如：梨洲在爲明儒羅整庵作的學案中，論定他"論理氣最爲精確"，

三、爲學

"第先生之論心性，頗與其論理氣自相矛盾"①，梨洲用意在于，褒揚整庵異于朱子處，批評整庵同于朱子處。在整庵與朱子觀點一致的格物問題上，梨洲録入劉蕺山的評價，批評整庵"困以格物一段工夫，不特在入門，且在終身者也"②。如此等等的判斷，不利于呈現學者思想的原貌。因此，過度依賴學術史著作，是不可取的。

學術史還存在材料搜集不全的問題，若我們一味地依賴學術史，可能會一葉障目，不見泰山。比如：錢穆先生曾提到："全謝山或許拿了歐陽修全集只看他講經學的，隨便抄幾條，這就不夠觸及歐陽修本人的思想。"③ 他又説："宋元學案裏特別講的不見精彩的就是朱子這一篇。"④ 以至于錢穆先生精要地運用更多材料，最終寫成了朱子新學案一書。

明儒學案也有類似的問題，如黄梨洲作胡居仁學案，一則他指出胡敬齋"以有主言靜中涵養"的主張"尤爲學者津梁"，並與陳白沙"靜中養出端倪"的主旨一致；二則進一步以氣質狷、狂説胡、陳二人，以證二人同出于吴康齋之門而"同門冥契"。或爲了證成這兩點，他録入居業録中的材料，其去取便以此爲准。然而，胡敬齋批評陳獻章"務爲高遠，厭禮節之卑近煩細"⑤，貶斥獻章"愚之甚"⑥ 于釋、老，類似條目，梨洲皆未

---

① 文莊羅整庵先生欽順，黄宗羲著，沈芝盈點校明儒學案卷四十七，北京：中華書局，2008 年，第 1107 頁。
② 文莊羅整庵先生欽順，黄宗羲著，沈芝盈點校明儒學案卷四十七，第 1107 頁。
③ 錢穆中國史學名著，北京：三聯書店，2013 年，第 331 頁。
④ 錢穆中國史學名著，第 331 頁。
⑤ 胡居仁胡居仁文集，居業録卷三，南昌：江西人民出版社，2013 年，第 45 頁。
⑥ 胡居仁胡居仁文集，居業録卷三，第 45 頁。

錄；胡敬齋批評象山之學"凌虛架空"，"其言之過高"，"于聖賢細密工夫，不慎分明"，"規模腔殼雖大，未免過于空虛"① 諸條，梨洲亦未錄；由于尊奉朱子自下升高、從實地上落脚的工夫路徑，胡敬齋看重小學、近思錄、四書，但相關條目皆未錄，敬齋表彰朱子"工夫周遍"，"欲學者先讀朱子行狀，有規模格局"② 等條目亦未錄。總之，從居業錄全書來看，胡敬齋從程、朱一派，將敬以持養工夫貫穿學問始終，且其學與白沙之學勢若水火，決非梨洲所言之"同門冥契"。由此來看，未基于原著，完全依傍學術史著作，也是有弊的。

（二）地方志及其檢索

接下來說地方志。地方志不同于通史或專門史著作，它以地區爲中心，記錄風俗民情、古今人物等等要素，是我們了解百姓生活、社會變遷的媒介。

張舜徽先生提出，我國的地方志寫作，大概以隋爲劃界。隋以前，以專門記錄風俗、山川、人物等某一種方面内容爲主，方志稱爲"記"，如婁地記（三國顧啟期）、周地圖記（記圖繪地形）、北荒風俗記（記風俗）、衡山記（記山水）、三輔故事（談沿革）、隋志徐州先賢傳（記人物）等等。隋代，以包括全國的集結性方志爲主，如諸郡物產土俗記、區宇圖志、諸州圖經集等等。隋、唐至明、清，趨向以專門事物記錄的地方志爲主，如潘力田松陵文獻（載人物）、孫詒讓溫州經籍志（載著述）、全謝山

---

① 胡居仁胡居仁文集，居業錄卷三，第47頁。
② 胡居仁胡居仁文集，居業錄卷三，第44頁。

四明望族表（記氏族）、汪中廣陵通典（記大事）等等。①

在以上時代中，宋代多有私修方志，清代在官方的支持下，修撰方志發達，門類更廣。清代所修地方志的名稱，全國稱"一統志"，省區稱"通志"，府、廳、州、縣、稱"志"，鎮、里稱"鎮志"與"里志"。

我們做研究，從地方志中也能查到不少重要的資料。如：若要了解之前提到的伊川門人周行己，可查詢浙江通志（清人嵇曾筠）、溫州府志（清人孫詒讓）與永嘉縣志（清人張寶琳）。三種地方志中，以永嘉縣志所載其材料最多、內容最豐富。通過永嘉縣志，我們不僅能了解到周行己的生平事迹、學術交往、著錄情況，還能找到其所撰寫的詩文、奏議、書簡、雜文，這些文獻大部分出自他的著作浮沚集，此書存九卷，見于四庫全書。值得一提的是，永嘉縣志藝文志收入了他在浮沚集中的兩個講義：易講義和禮記講義。其中，易講義與今所見二程遺文、朱子周易本義中的易序僅有稍微字詞上的區別，這説明，或許周行己才是此序的真正作者。

考察周行己是否此篇易序的作者，需要綜合運用文獻檢索的知識。從目前中華書局版的二程集目錄來看，這篇易序置于二程遺文中。據元人譚善心描述，世傳有一個胡氏本收錄二程遺文，但未盡善，後有朱子改本又不可見，基于此，善心于至治三年秋蒐輯完畢了這些原本遺缺的文章。這篇易序就是他從宋人熊節編訂的性理群書句解中補錄進來的。

據前述，性理群書句解是關于性理類的類書，其中收錄了

---

① 張舜徽中國文獻學，第 213—216 頁。

周、二程、康節、張子、司馬涑水、朱子等人的贊、訓、銘、詩、賦、序等資料，並加以句解。這篇易序在卷六的序類中，置于其前的是伊川的春秋傳序與易傳序，置于其後的是一篇佚名的禮序和朱子的詩集傳序。這篇易序在性理群書句解的元刻本中未署名，而在文淵閣四庫全書本中署名爲朱子。可以推斷，譚善心當年所見的元刻本中未署名的兩篇文字，因夾在伊川與朱子幾篇文章中間，他便默認爲是伊川所作。然而，根據之前檢索地方志，這篇易序和禮序是周行己的作品，原出自其浮沚集，在浮沚集中，兩篇名爲易講義序與禮記講義序。而元刻本性理群書句解未寫明作者，這是否受到朱子、伊川對其學問"靠不得""進鋭者其退速"這一評價的影響呢？

（三）圖表及其檢索

國史、家史、一人之史配以圖表，則能釐清源流脈絡；難解之書籍配以圖表，則化難爲簡、易于理解；名物制度、天文地理、宫室器用配以圖表，則明白直觀……可見，圖表的作用非常大。

中國歷來圖籍書目浩繁，最早的圖籍見于司馬遷史記中的十表。十表體例的創立，可謂頗費苦心。唐人劉知幾嘗言："觀太史公之創表也，于帝王則敘其子孫，于公侯則紀其年月。"[①] "敘其子孫"見三代世表，此表以世係爲主，時間是黄帝以來迄共和。"紀其年月"則見十二諸侯年表（以時爲主）、六國年表（以時爲主）、秦楚之際月表（以時爲主）、漢興以來諸侯王年表（以

---

① 劉知幾著，浦起龍釋史通通釋雜説篇，上海：上海古籍出版社，2009年，第437頁。

地爲主)、漢興以來將相名臣年表（以大事爲主）等。在"紀其年月"的諸表中，因具體情況，分以時、以地、以大事三種類型，如：諸侯並立，不宜以時，而以地爲主；天下未定，變易錯綜，不宜以年紀，而以月紀。如此考慮周詳而作的十表，如本源之于木水、冠冕之于衣裳，被宋人鄭樵讚譽："史記一書，功在十表。"① 十表之後的圖表名目繁多，内容豐富。據隋書經籍志以及四庫全書總目所載録，可見歷代撰寫圖表之盛況。據經、史、子、集的圖書分類，列舉如下：

　　載于經部詩類的有詩經疏義會通（元朝朱公遷），書類有書經大全（明代胡廣）、禹貢錐指（清代胡渭），禮類的有周官禮圖、五服圖，易類有易數鈎隱圖（宋人劉牧）、三易備遺（宋人朱元昇）、大易象數鈎深圖（元人張理），樂類的有皇祐新樂圖記（宋朝阮逸、胡瑗）、樂律全書（明人朱載堉）、御製律吕正義後編（清代允禄、張照等），論語類有爾雅圖（梁朝郭璞），小學類有古今字圖雜録（隋朝曹憲）等等。

　　載于史部有譜系類的錢譜（梁朝顧烜），傳記類的孔子論語年譜（元代程復心）、孟子年譜（元代程復心）、孔孟事迹圖譜（明季本）、周子年譜（宋人度正）、朱子年譜（宋人袁仲晦），地理類的山海經圖贊（梁朝郭璞）、洛陽圖（東晉楊佺期）、欽定皇輿西域圖誌（清人傅恒、劉統勳等）、欽定河源紀略（清人紀昀、陸錫熊等），政書類的熬波圖（元朝陳椿）等等。

　　載于子部天文類有周髀圖（不著撰人）、二十八宿分野圖

---

① 鄭樵通志總序，全宋文卷四三七四，上海：上海辭書出版社；合肥：安徽教育出版社，2006，第 437 頁。

(不著撰人)、天經或問(清朝遊藝),醫方類有普濟方(明人朱橚)等等。

載于集部有楚辭類的欽定補繪蕭雲從離騷全圖(清人蕭雲從門應兆)等。

以上書目中,經部類書目是我們做中國哲學研究比較常用到的。如:明人胡廣所撰的書經大全,此書本于元代陳櫟的尚書集傳纂疏與陳師凱的書蔡氏傳旁通。陳櫟和陳師凱二人墨守蔡沈書集傳,又對名物制度觸類而旁通。因此,書經大全或可以作爲書集傳參讀本。書經大全配以的圖説,有唐虞夏商周譜系圖、歷象授時圖、堯典四仲、虞書日永日短之圖、閏月定時成歲之圖、虞書律度量衡之圖等等。這些圖説配以文字,是研讀尚書的輔助。又如:元人朱公遷的詩經疏義會通中有思無邪圖、四始圖、正變風雅之圖、十五國風地里之圖、靈臺辟雍之圖、泮宮圖、七月流火之圖、楚丘定之方中圖、冠服圖、禮器圖、樂器圖等等。這些圖,涉及詩經的體例文意、天文地理、宮室建築、器物形製等方方面面,讓我們更直觀地理解文本。

做中國哲學,學問和生活不分、道德理想和生命實踐不分。通過載于史部的人物事迹圖譜、年譜,我們了解到學者的生平履歷、人生遭際、學問發展,更好地進入他們的思想和意義世界。可見,圖譜、年譜類文獻的重要性。

除前面所列見于隋書與四庫中的圖表大類之外,理學家也善用圖表來描述精微的道理。如:周子的太極圖(見周敦頤集卷一)、邵康節的先天圖,朱子的元亨利貞圖(見語類卷九十四)、誠幾圖(見晦庵先生朱文公文集卷五十九)、性圖(見語類卷五十五)、關于大學之圖(見語類卷十五)、仁説圖(見語類卷一百五，又見晦庵先生朱文公文集卷六十七）。又見清人毛奇齡在太極圖說遺議中載入的林德久易禆傳圖、王湜學易圖等等。這些圖，散見于理學家的著作中。

借助現代人整理的成果，能方便查詢到圖譜。如：在圖籍的整理方面，由張福江選編的四庫全書圖鑒十册，共收錄了四庫全書中涉及十七類，共四十部圖籍。又如：在人物圖像索引方面，可以借助中國歷史博物館館藏中國人物圖像索引，除此之外，還有中國歷代人物圖像索引，該索引引用圖籍有663種，收錄了清末之前的4353個人物圖像。再如：在人物年譜的整理方面，于浩輯錄宋明理學家年譜十二册，收錄了國家圖書館館藏善本中的部分理學家年譜，周、張、二程、楊時、羅豫章、張南軒、吕東萊、陸象山等共二十九位儒者的年譜被輯錄其中。該書又有于浩、陳來輯錄的續編，除了補入前書所涉儒者的遺落資料：周子年譜一卷（宋人度正撰）、朱子實記十二卷（明人戴銑輯）、文公朱夫子年譜一卷（清人高愈編）之外，另輯錄范文正公、歐陽文忠公、司馬溫公、游定夫、陳了翁等十七位宋明理學家的年譜，其中不乏難于檢尋到的材料。

(四) 字典及其檢索

說到字典，需要了解許慎的說文解字。說文分十四篇（不含敘篇），五百四十部，共收錄九千三百五十三字。它吸收了秦漢時代的倉頡篇（李斯）、爰歷篇（趙高）、博學篇（胡毋敬）、凡將篇（司馬相如）、急就篇（史游）這些字書的資源，又以壁經、鼎彝的刻辭爲佐證。此書是一部偉大的作品，段玉裁在說文解字注評價此書：“無說文解字，則倉、籀造字之精意，周、孔傳經之大旨，蘊藴不傳于終古矣。”

檢索此書，要先了解其撰寫體例。説文不但博綜篆籀古文之體，且廣采時下流行之文。此書發明象形、指事、會意、諧聲、轉注、假借之指，分析字義；又依照急就篇按形旁歸類的體例編撰，分出形旁部首，並將同類字歸于其下。在分部上，做到按意義相連，據形體相接；每部下的文字，也依條理分列，如：某物類之名列于前，描述狀態的字位列其後，重疊成文的字在部末。

　　許慎以實事求是、嚴謹務實的態度完成了這部字書。但是，此書經輾轉傳寫，加之篡改脱誤，已遺失本真。宋人徐鉉與其弟徐鍇二人分別校訂此書，而有大、小徐本説文解字。清人孫星衍于嘉慶十四年復刻宋本，基于此，陳昌治改刻此書，將許慎原文大字標出，將徐鉉校訂注釋處用雙行小字區別。2003年中華書局出版此書，便以陳昌治刻本爲底本，爲方便讀者，此書在每篆之上添楷體，並附新編檢字。通過新編檢字表，方便檢索。

　　後世的字書，據每個時代字形的變化，多延續並完善説文的分部法。如：字林（晋代吕忱）、玉篇（梁代顧野王）、九經字樣（唐人玄度）、字匯（明人梅膺祚）、康熙字典。

（五）叢書及其檢索

　　因書籍内容、地方著作、擇選善本、廣泛搜羅等因素類聚群書而形成的叢書，不僅爲檢索提供便利，而且有利于保存典籍。

　　基于書籍内容而成的叢書，照内容分類，則易于檢尋。地理類叢書，如隋書經籍志所載地理、地記。經學類叢書，如清人鐘鎌鈞所輯的古經解匯函，在此書中，就收録易類作品新本鄭氏周易（漢鄭元撰）、陸氏易解（陸績撰）、周易集解（唐人李鼎祚撰）、周易口訣義（唐代史徵撰）；有書類作品古文尚書馬鄭注（清人孫星衍撰）、尚書逸文（清人孫星衍撰）、尚書大傳（漢人伏勝撰，鄭元注）；有詩類作品魯詩故（漢申培撰）、齊詩傳（漢後蒼撰）、韓詩外傳（漢韓嬰撰），有禮類作品月令問答及章句（漢人蔡邕撰）；有春秋類作品春秋釋例（晋杜預撰）、春秋集傳纂例（唐人陸淳撰）、春秋微旨（唐人陸淳撰）、春秋集解辨疑（唐人陸淳撰）等等。這些經學類叢書，爲研究工作提供了太多便利。

輯錄地方著作而形成的叢書如涇川叢書、豫章叢書、嶺南叢書、湖北叢書等等。通過這些作品，一方面，可以將罕見的、零散的、小篇幅的書籍都搜集整理，利于典籍的保存；另一方面，對了解一地風俗變遷、人才出處，爲興化文教起一定的作用。

出于精校古書、類聚善本目的的叢書編撰工作，如清人孫星衍的平津館叢書。該叢書録入典籍四十三種，共二百三十七卷，朱記榮稱其："鑒別之精，校訂之確，洵能備三善而絶五弊，宜其高出諸家叢書之上，而足爲後世之規橅。"[①] 除此之外，還有清人盧文弨的抱經堂叢書，收録宋元舊刊影抄本。胡珽的琳瑯秘室，精心校勘宋槧。這類工作留下的叢書，爲善本的保存起了重要的作用。

出于廣泛搜羅爲目的的叢書編撰工作，如四部叢刊、四部備要、四庫全書、四庫全書珍本、儒藏的編寫。

清代學者顧廣圻看到宋、元本書籍名存形亡的事實，將翻刻宋元本書籍作爲理想。他的理想雖在生前没有實現，却促使後人依循此主張，遍訪藏書家宋、元、明舊槧，影印三百二十三部

[①] 轉引自劉錦藻清朝續文獻通考卷二七〇，中華大典，上海：上海古籍出版社，2016年，第733頁。

宋、元之書，合成四部叢刊初編。此書于1922年由商務印書館出版，之後又補錄宋、元精刊本，于1934年至1936年間，陸續出版續編、三編。此後，又有中華書局輯印出四庫備要，作爲校注本，其更具實用性。商務印書館繼續出版四庫全書珍本，該叢書選印四庫全書中二百三十一種孤本，作爲外無刻本的孤本，故稱"珍本"。

明末學者曹學佺曾發出"二氏有藏，吾儒何獨無"① 的感嘆，清乾隆年間，章學誠也爲無儒藏的現實而憂："夫儒書散失。至于學者已久失其傳，而反能得之二氏者，以二氏有藏，以爲之永久也。"② 與章學誠同時的周永年也有此憾。爲全面收集儒家典籍，總結儒家成果，四川大學與北京大學分別啓動編撰儒藏系列叢書。2022年6月，北大儒藏精華編500多種文獻先期編輯出版。2022年9月，川大儒藏出版終成完璧。

歷史上的叢書編撰是利在千秋的事業。時人編撰的叢書也不枚勝舉，如中華書局的中國史學基本典籍叢刊、理學叢書，上海古籍出版社的天地人叢書，江西人民出版社的朱子學與地方文化叢書，上海人民出版社的義烏往哲遺著叢編，浙江古籍出版社的浙江文叢等。在文獻整理越發積厚、圖書出版愈發繁榮的今天，我們更要利用好這些資源。

理解了叢書編撰的初衷，明晰了叢書的大致分類，有利于更好地檢索資源。同時，也可以借助圖書編目書籍幫助檢索，如四庫全書總目提要、四部備要書目提要、四部叢刊初編目錄、中國

---

① 文苑四曹學佺傳，文見明史卷二八八，列傳第一百七十六。
② 章學誠藏書，校讎通義卷一，粵雅堂叢書彙印本。

叢書綜錄等。

中國叢書綜錄是由上海圖書館編的一套非常實用的全國圖書館古籍館藏聯合目錄，共三冊，它收錄自宋至民國叢書2797種，合計子目38891種。以第一冊總目分類目錄爲例，全書分彙編、類編兩大部分，每一部分大致按朝代順序收錄，後附全國主要圖書館收錄情況表及叢書書名索引，方便讀者檢索。此外，顧廷龍、楊海清的中國叢書綜錄續編、中國叢書綜錄補正可以作爲此書的補充。還有，王寶先的臺灣各圖書館現存叢書子目索引、李銳清的日本見藏中國叢書目初編都是較爲實用的叢書檢索工具書。

三、圖書目錄與文獻檢索

此前介紹了類書、通史或專門史、地方志、圖表、字典、叢書的分類及檢索，其中談到了衆多書籍，但在浩繁的典籍中，這些也只是冰山一角。爲了實現索書之便、管窺典籍之奧，需要借助圖書目錄。比如，上海圖書館編撰的中國叢書綜錄，既是古籍目錄，又是全國性圖書館館藏聯合目錄。再如，今人編撰的中國社會科學院地方志聯合目錄、中國古籍善本書目，都是極好的圖書目錄。

爲學會檢索，須了解圖書目錄的分類。從編撰結構上看，古人編目錄，分爲幾種情形：一是只登記書名，如遂初堂書目（宋人尤袤）、萬卷堂書目（明人朱睦㮮）、傳是樓宋元本書目（清人徐乾學）等私人所藏書目。二是除書名之外，還有小序，如：漢書藝文志、隋書經籍志等。三是小序、書名、書名下解題皆備，如：文獻通考經籍考、四庫全書總目等等。

從編撰書目的流別上來看，有官簿、史志目錄、私錄及專科目錄。

官簿是官方組織人力編撰的官方藏書目錄，如七略（漢劉歆）、中經簿（魏鄭默）、中經新簿（晉荀勖）、晉元帝書目（東晉李充）、大業正御書目錄（隋柳顧言等）、群書四錄（唐代，佚）、崇文總目（宋代）、秘書省四庫闕書目（南宋）、文淵閣書目（明代）、內閣書目（明代）、四庫總目（清代）、天祿琳琅書目（清代）等等。

史志目錄是指編入史籍的書目。正史二十五部，所存史志書目有：漢書藝文志、隋書經籍志、舊唐書經籍志、新唐書藝文志、宋史藝文志、明史藝文志、清史稿藝文志。其他亡佚的史志書，多由清人補修，如：姚振宗有後漢藝文志，侯康有補三國藝文志，王仁駿有補梁書藝文志。

私錄是指私人藏書目錄，如七錄（梁阮孝緒）、郡齋讀書志（宋代晁公武）、直齋書錄解題（南宋陳振孫）、遂初堂書目（宋代尤袤）、百川書志（明代高儒）、讀書敏求記（清代錢曾）、黃堯圃遺書（清代黃丕烈）、愛日精廬藏書志（清代張金吾）、鐵琴銅劍樓藏書目錄（清代瞿鏞）、楹書隅錄（清代楊紹和）、善本書室藏書志（清代丁丙）、皕宋樓藏書志（清代陸心源）等等。

專科目錄是指按專門內容編撰的目錄，如佛教類的綜理眾經目錄（晉代釋道安）、大唐內典錄（唐代釋道宣）、大藏經綱目指要錄（宋代釋惟白）、閱藏知津（明代釋智旭）；道教類的三洞經書目錄（南朝陸修靜）、玉緯經目（唐代尹文操）；經學類的三禮目錄（東漢鄭玄）、經史釋題（唐代）、四書經學考（明代 徐邦佐）、經序錄（明代朱睦）、經義考（清代朱彝尊）等。

從編目的部類劃分上來看，有"七略分類法"與"四部分類法"。"七略分類法"見劉歆七略（亡佚），是我國歷史上按類別撰寫圖書目錄的開端。此種分類法保存在漢書藝文志的編寫之中，具體分類爲：（一）輯略，綜述學術源流，後世的各部類小序即倣此。（二）六藝略，包括易、書、詩、禮、樂、春秋這六經，又包括漢人認爲可以解釋六經的論語、孝經和小學。此時史書僅八家，四百多篇，故不單列"史略"，而附列于春秋。（三）諸子略，包括儒家、道家、陰陽家、法家、名家、墨家、縱橫家、雜家、農家、小説家。這一部分收録的是各家理論。（四）詩賦略，包含賦一、賦二、賦三、雜賦、歌詩，此時詩賦發達，數量極多，因此單成一略而不附録于六藝詩類中。（五）兵書略，包含權謀、形勢、陰陽、技巧。（六）數術略，包含天文、曆譜、五行、蓍龜、雜占、形法。（七）方技略，包含醫經、經方、房中、神仙。以上七略，兵書、數術、方技講技術，因此與諸子略重理論不同。後世，以"七略分類法"爲準的還有鄭樵的通志藝文略，孫星衍的祠堂書目等等。

"四部分類法"始于魏晋，一説始于魏元帝時的鄭默所作的中經薄，另説始于晋武帝時荀勖依憑中經薄另編的中經新薄。之後沿用這一體例來歸類典籍的有：隋書經籍志、唐書藝文志、文獻通考經籍考、宋史藝文志、明史藝文志、四庫全書總目等等。

根據這些著作的目錄分類（見附圖一），方便查找書籍。如：之前介紹的帝王譜、宗族譜、家譜、個人年譜等圖表類書籍可以在史部"譜係類"或"譜牒類"中查找。又如：之前提到了周行己浮沚集，若想借助圖書目錄了解其內容，則可以查找四庫全書總目中的集部。四庫全書總目子部總序稱："自六經以外立説者皆子書也"，因此，大部分儒家類書籍，入子部中的儒家類。但是，集部中除了詩文集、文論、詞曲之外，也有不少經學、儒學的單篇文獻，浮沚集便入集部"別集類"。這就是熟悉圖書目錄帶來的便利。

附表一　歷代採用"四部分類法"的作品及分類

書名	緒論	經	子	史	集	附四部末
隋書經籍志（唐朝魏徵）	四部前有總序，每類後有小序	易、書、詩、禮、樂、春秋、孝經、論語、圖讖、小學（共十類）	儒家、道家、法家、名家、墨家、縱橫家、雜家、農家、小說家、兵家、天文、曆數、五行、醫方（共十四類）	正史、古史、雜史、霸史、起居注、舊事、職官、儀注、刑法、雜傳、地理、譜系、簿錄（共十三類）	楚辭、別集、總集（共三類）	道經類（經戒、服餌、房中、符錄） 佛經類（大乘經、小乘經、雜經、雜疑經、大乘律、小乘律、雜律、大乘論、小乘論、雜論、記）
舊唐書經籍志（五代劉昫）		易、書、詩、禮、樂、春秋、孝經、論語、圖讖、經解、訓詁、小學（共十二類）	儒、道、法、名、墨、縱橫、雜、農、小說、天文、曆算、兵書、五行、雜藝術、類事、經脈、醫術（共十七類）	正史、編年、偽史、雜史、霸史、起居注、故事、職官、雜傳、儀注、刑法、目錄、譜牒、地理（共十三類）	楚辭、別集、總集（共三類）	
新唐書藝文志（唐代歐陽修）		易、書、詩、禮、樂、春秋、孝經、論語、讖緯、經解、小學（共十一類）	儒、道、法、名、墨、縱橫、雜、農、小說、天文、曆算、兵書、五行、雜藝、類事、明堂經脈、醫術（共十七類）	正史、編年、偽史、雜史、霸史、起居注、故事、職官、雜傳記、儀注、刑法、目錄、譜牒、地理（共十三類）	楚辭、別集、總集（共三類）	

續表

書名	緒論	經	子	史	集	附四部末
文獻通考經籍考（元人馬端臨）	前有總序，每類後有小序，書名下有解題	易、書、詩、禮、春秋、論語、孟子、孝經、經解、樂、儀注、謚法、小學（共十三類）	儒家、道家、法家、名家、墨家、縱橫家、雜家、小說家、農家、天文、五行、占筮、形法、兵書、醫家、神仙、釋氏、類書、雜藝術（共十九類）	正史、編年、起居注、雜史、傳記、偽史霸史、史評史鈔、故事、職官、譜牒、目錄、史鈔（共十四類）	賦詩、別集、詩集、歌詞、章奏、總集（共六類）	
宋史藝文志（元代脫脫）	前有總序，每類後有小序	易、書、詩、禮、樂、春秋、孝經、論語、經解、小學類（共十類）	儒家、道家（釋氏及神仙附）、法家、名家、墨家、縱橫家、農家、雜家、小說家、五行、蓍、曆算、兵書、雜藝術、類事、醫書（共十七類）	正史、編年、別史、史鈔、故事、職官、傳記、儀注、刑法、目錄、譜牒、地理、霸史（共十三類）	楚辭、別集、總集、文史（共四類）	
明史藝文志（清代萬斯同）		易、書、詩、春秋、三禮、禮樂書（凡後代編定之禮及類次樂律者）、孝經、論語、孟子（前代皆入儒家，今特爲一類）、經解（五經四子總解）、小學（分訓詁、書、數、蒙訓、四種）（共十一類）	儒家、雜家類（前代藝文志列名，法諸家，後代沿之，然寥寥無幾僅數而已，今削之總附雜家。）、農家、小說家、兵書、天文、曆數、醫方、雜藝術、類書、道家、釋家（共十三類）	國史（朝廷勅編當代史）、正史、通史（通輯列代之史）、編年、雜史、霸史、史學、史抄、故事、職官、時令、食貨、儀注、政、傳記、地理、譜牒、簿錄（共十八類）	制誥、表奏、騷賦、別集、詞曲（因文獻通考例錄）、總集、文史、制舉（共八類）	

續表

書名	緒論	經	子	史	集	附四部末
四庫全書總目（清代紀昀）	每部前有總序，每類後有小序	易、書、詩、禮、春秋、孝經、五經總義、四書、樂、小學（共十類）	儒家、兵家、法家、農家、醫家、天文算法、術數、藝術、譜錄、雜家、類書、小說家、釋家、道家（共十四類）	正史、編年、紀事本末、別史、雜史、詔令奏議、傳記、史鈔、載記、時令、地理、職官、政書、目錄、史評（共十五類）	楚辭、別集、總集、詩文評、詞曲（共五類）	

四、电子资源數據庫及檢索

隨着科技的進步，電子資源數據庫的建設日益完善。目前，我們常用的古籍數據庫見附表二，這些數據庫也在不斷更新。電子數據庫的出現，爲我們從事研究提供了極大便利，但是，對于從事古典學術研究的學者，基本的文獻檢索素養不能被電子化手段所取代，這是我們需要注意的。

附表二 常用的古籍數據庫

名稱	收錄範圍及特點	收錄數量
中國基本古籍庫（愛如生）	未整理的影印版刻圖書，包含先秦至民國，歷代重要典籍	10000 部（14000 個版本）
四庫系列數據庫（愛如生）	未整理的影印版刻圖書，包含四庫著錄書、四庫存目書、四庫奏毀書、四庫未收書（據阮元四庫未收書提要編纂）	9000 部典籍（9209 個版本）
中國叢書庫（全書型）（愛如生）	收錄宋元至民國歷代叢書	3000 種，70000 部典籍

續表

名稱	收錄範圍及特點	收錄數量
中國類書庫（愛如生）	魏晉至清末民初，歷代類書，取首刊母本或晚出精刻精鈔本爲底本	1000部典籍
中國儒學庫（愛如生）	歷代儒經及經學、理學、實學著作	6000部典籍
中華經典古籍庫	中華書局等出版社點校本古籍	約5000種古籍
鼎秀古籍全文檢索平臺	先秦至民國歷代漢文古籍，收錄國內外公共機構、私人藏家、研究機構及博物館所藏的歷代古籍資源	30000種，500000卷古籍
書同文古籍數據庫	未整理的影印版刻圖書，包含四部叢刊、地理方志、明清史料全文庫、大明實錄、十通全文檢索、大明會典等分庫	數據暫缺
翰堂典藏	經部集成庫、史部集成庫、子部集成庫、集部集成庫、專題文獻等分庫	21000種
雕龍古籍全文數據庫	未整理的影印版刻圖書，包含正統道藏、永樂大典、四部叢刊、古今圖書集成、中國地方誌、日本古籍書籍、敦煌史料等分庫	30000多種古籍，每年增加5000種
漢籍電子文獻資料	分經、史、子、集四部，以史部爲主	1424種文獻
大成古籍文獻全文數據庫	收錄晚清民國期刊、古籍文獻、民國圖書等	15000種

四、文史

自京赴奉先縣詠懷五百字

杜工部

【題解】

杜工部，唐睿宗太極元年（712）—代宗大曆五年（770），名甫，字子美，自號少陵野老，因曾任工部員外郎，又稱杜工部。其詩哀民生之多艱，言王政之廢興，忠愛惻怛，沉鬱頓挫，遠繼風、雅，號爲"詩史"。

玄宗天寶十四年（755）十一月初，杜工部將赴右衛率府冑曹參軍之任，先去奉先縣探視家人，自京赴奉先縣詠懷五百字即作于從長安赴奉先縣途中。此時安、史之亂的消息尚未傳至長安，君臣恬嬉，仍在夢中。全詩首述平生抱負困于時運，次述途見上下驕侈不問民生，末結于歸家知幼子餓死，悲感萬端。其身其世如此窮困偃蹇，我們却仍能在詩中讀出深沉博大的、朝向所有人的仁恕哀矜。

---

* 本篇選自杜甫著，錢謙益注錢注杜詩上册，上海：上海古籍出版社，2009年，第35—36頁。

杜陵①有布衣，老大意轉拙②。許身③一何愚，竊比稷④與契⑤。居然成濩落⑥，白首甘契闊⑦。蓋棺事則已，此志常覬豁⑧。窮年憂黎元⑨，嘆息腸內熱。取笑同學翁，浩歌彌激烈。非無江海志，瀟灑送日月。生逢堯舜君，不忍便永訣。當今廊廟具，構廈豈云缺？葵藿⑩傾太陽，物性⑪固莫⑫奪。顧惟螻蟻輩，但自求其穴。胡爲慕大鯨，輒擬偃⑬溟渤⑭。以茲悟⑮生理，獨恥事干謁。兀兀⑯遂至今，忍爲塵埃沒！終愧巢與由⑰，未能易⑱其節。沈飲聊自適，放歌破愁絶⑲。

　　歲暮百草零，疾風高冈裂。天衢陰崢嶸⑳，客子㉑中夜發。

----

① 杜陵：在長安東南（今陝西長安縣東南）。
② 老大意轉拙：年齡老邁，志意愈加不伸。老大，老邁。拙，詘。
③ 許身：自期。
④ 稷：周先祖棄，帝舜之后稷，教民播種百穀。
⑤ 契（xiè）：殷先祖，帝舜之司徒，教民五品人倫。
⑥ 濩（hù）落：空闊無用。
⑦ 契闊：勤苦。
⑧ 覬豁：期望實現。
⑨ 黎元：黎民百姓。
⑩ 葵藿：藿，豆葉。葵向陽。三國志魏書陳思王植傳："若葵藿之傾葉，太陽雖不爲之回光，然向之者誠也。"
⑪ 物性：一物所以爲此物者。
⑫ 莫：一本作"難"。
⑬ 偃：仰卧。
⑭ 溟渤：溟海與渤海，泛指大海。
⑮ 悟：一本作"悞"。
⑯ 兀兀：勤苦不息。
⑰ 巢與由：巢父與許由，皆堯時隱士。
⑱ 易：改變。
⑲ 愁絶：愁極。
⑳ 天衢陰崢嶸：天上陰雲如山巒高峻。
㉑ 客子：旅居異鄉者，詩人自稱。

霜嚴①衣帶斷，指直不得結②。凌晨過驪山③，御榻在嶻嶪④。蚩尤⑤塞寒空，蹴⑥踏崖谷滑。瑤池⑦氣鬱律⑧，羽林⑨相摩戛⑩。君臣留懽娛，樂動殷膠葛⑪。賜浴皆長纓⑫，與宴非短褐⑬。彤庭⑭所分帛，本自寒女出。鞭撻其夫家，聚斂貢城闕。聖人筐篚恩⑮，實欲⑯邦國活。臣如忽至理⑰，君豈棄此物⑱？多士⑲盈朝

① 嚴：寒氣凜冽。
② 結：曲。
③ 驪山：在今陝西臨潼東南。
④ 嶻（dì）嶪（niè）：山的高峻處。
⑤ 蚩尤：黃帝時諸侯，因與黃帝交戰時造出大霧，又指代大霧。古今志輿服："黃帝與蚩尤戰於涿鹿之野。蚩尤作大霧，兵士皆迷。"
⑥ 蹴（cù）：踏。
⑦ 瑤池：相傳爲西王母的居所，此處指驪山溫泉。
⑧ 鬱律：煙霧蒸騰。
⑨ 羽林：禁軍。
⑩ 摩戛（jiá）：摩擦有聲。
⑪ 殷膠葛：殷，震動。膠葛，深遠廣大貌，此處指天空。
⑫ 長纓：指達官貴人。
⑬ 短褐：指貧賤者。
⑭ 彤庭：漢時宮廷以朱漆塗飾，此指朝廷。
⑮ 聖人筐篚（fěi）恩：天子以筐篚盛放布帛恩賜臣下。聖人，唐時對天子的稱呼。筐篚，盛物的竹器，筐方篚圓。詩小雅鹿鳴小序："鹿鳴，燕群臣嘉賓也。既飲食之，又實幣帛筐篚，以將其厚意，然後忠臣嘉賓得盡其心矣。"
⑯ 欲：一本作"願"。
⑰ 至理：此指"聖人筐篚恩，實欲邦國活"。
⑱ 此物：指"彤庭所分帛"。
⑲ 多士：衆多賢士。詩大雅文王："濟濟多士，文王以寧。"

四、文史

149

廷，仁者宜戰慄①！況聞内金盤②，盡在衛霍③室。中堂舞神仙④，煙霧⑤散玉質⑥。煖客貂鼠裘，悲管逐清瑟。勸客馳蹄羹，霜橙壓香橘。朱門⑦酒肉臭⑧，路有凍死骨。榮枯咫尺異，惆悵難再述。

北轅就涇⑨渭⑩，官渡⑪又改轍。群冰從西下，極目高崒兀⑫。疑是崆峒⑬來，恐觸天柱折⑭。河梁⑮幸未坼⑯，枝撐聲窸窣。行旅⑰相攀援，川廣不可越。老妻寄異縣⑱，十口隔風雪。誰能久不顧，庶往共饑渴。入門聞號咷，幼子飢已卒。吾寧捨一哀，里巷亦嗚咽。所愧爲人父，無食致夭折。豈知秋未登⑲，貧

---

① 仁者宜戰慄：衆臣中有仁德的人應當爲此戰競惕勵，唯恐有負百姓所貢財帛，有負君上"欲邦國活"之期望。仁，愛之理，心之德。
② 内金盤：指宮内的珍寶器物。内，宮内。
③ 衛霍：衛青、霍去病是漢武帝深爲寵信的外戚，此處代指因楊玉環而被寵信的楊國忠、虢國夫人等。
④ 神仙：代指翩躚舞者。
⑤ 煙霧：代指舞者輕薄飄颻、如煙似霧的衣裳。
⑥ 玉質：舞者光潔如玉的肌膚。
⑦ 朱門：泛指富貴門第。
⑧ 臭（xiù）：散發香味。
⑨ 涇：涇河，發源于寧夏六盤山東麓，至陝西，在高陵縣（今西安高陵區）匯入渭河。
⑩ 渭：渭河，發源于甘肅渭源縣鳥鼠山，經陝西，在潼關縣匯入黃河。
⑪ 官渡：官府在昭應（今臨潼縣）涇、渭二水交匯處設立的渡口。
⑫ 崒（zú）兀：高聳險峻。此處形容涇渭水勢由西奔涌而下，如同險峻的高山。
⑬ 崆峒：山名，在今甘肅平凉市西。
⑭ 恐觸天柱折：淮南子天文訓："昔者共工與顓頊争爲帝，怒而觸不周之山，天柱折，地維絕。"
⑮ 梁：橋。
⑯ 坼（chè）：裂開。
⑰ 行旅：在途的旅客。一本作"行李"。
⑱ 寄異縣：暫時託身外縣。寄，託。異縣，此指奉先縣。
⑲ 登：成熟。

窶有倉卒①。生常免租稅，名不隸②征伐。撫迹③猶酸辛，平人固騷屑④。默思失業徒，因念遠戍卒。憂端齊終南⑤，澒洞⑥不可掇⑦！

課後習題

一、杜工部的志向是什麼？
二、"憂端齊終南，澒洞不可掇"，杜工部所憂慮的是什麼？

延伸閱讀

又呈吳郎*

杜工部

堂前撲棗任西鄰，無食無兒一婦人。
不爲困窮寧有此？只緣恐懼轉須親。
即防遠客雖多事，便插疏籬却甚真。
已訴徵求貧到骨，正思戎馬淚盈巾。

---

① 貧窶（jù）有倉卒（cù）：貧乏之家遽有喪亂。窶，窮乏。倉卒，匆遽非常之事，代指喪亂。此處指幼子餓死。
② 隸：及，屬。
③ 撫迹：追思所經歷。
④ 騷屑：擾動不安。
⑤ 終南：山名，在今陝西西安市南，山形高峻，連綿數百里。
⑥ 澒（hòng）洞：瀰漫無際。
⑦ 掇（duō）：拾取，收拾。
＊ 本詩選自杜甫著，仇兆鰲注杜詩詳注，北京：中華書局，1979年，第1762頁。

史通（節錄）*

劉知幾

【題解】

劉知幾，唐高宗龍朔元年（661）—玄宗開元九年（721），字子玄，史學家。史通自敘載："長安中，會奉詔預修唐史；及今上（唐中宗）即位，又敕撰則天大聖皇后實錄。凡所著述，嘗欲行其舊議，而當時同作諸士及監修貴臣，每與其鑿枘相違，齟齬難入，故其所載削，皆與俗浮沉，雖自謂依違苟從，然猶大爲史官所嫉。嗟乎！雖任當其職而吾道不行，見用于時而美志不遂，鬱怏孤憤，無以寄懷。必寢而不言，嘿而無述，又恐沒世之後，誰知予者，故退而私撰史通，以見其志。"

本篇節錄自史通中六家及世家兩卷，述及春秋與其餘史傳之本質區別，史記、漢書體例得失，與太史公所創"世家"傳體之流變。

逮仲尼之修春秋也，乃觀周禮之舊法，遵魯史之遺文，據行事，仍人道，就敗以明罰，因興以立功，假日月而定曆數，借朝

---

* 本文節錄自劉知幾著，浦起龍釋史通通釋，上海：上海古籍出版社，1978年，第7—8，19，22，42—43頁。

聘而正禮樂，微婉其説，志晦其文，爲不刊①之言，著將來之法，故能彌歷千載，而其書獨行。②……至太史公著史記，始以天子爲本紀，考其宗旨，如法春秋，自是爲國史者皆用斯法。然時移世異，體式不同，其所書之事也，皆罕言褒諱，事無黜陟。故馬遷③所謂"整齊故事"耳，安得比于春秋哉！……尋史記疆宇遼闊，年月逺長，而分以紀、傳，散以書、表，每論家國一政而胡越相懸，叙君臣一時而參商是隔，此爲其體之失者也。④兼其所載多聚舊記、時採雜言，故使覽之者事罕異聞而語饒⑤重出，此撰録之煩者也。……如漢書者，究西都⑥之首末，窮劉氏之廢興，包舉一代，撰成一書，言皆精練，事甚該⑦密，故學者尋討⑧易爲其功，自爾迄今，無改斯道。（六家第一）

案⑨世家之爲義也，豈不以開國承家⑩、世代相續？至如陳勝起自群盜，稱王六月而死，子孫不嗣，社稷靡聞，無世可傳，

---

① 刊：删削。
② "仲尼"至"之法"：意用杜預春秋左氏傳序"仲尼因魯史策書成文，考其真僞，而志其典禮，上以遵周公之遺制，下以明將來之法"及"微而顯""志而晦""婉而成章""盡而不汙""懲惡而勸善"五例。
③ 馬遷：太史公司馬遷。
④ "史記"至"者也"：史記（所記載），發生在遼闊的疆域、久遠的年月中，却用本紀、列傳分叙君臣行實，以書概述禮樂制度，又以大事年表，以致每每議論國家某項政令却散見書、表，如同北胡、南越相去遐遠；叙述同時代的君臣事迹却分見本紀、列傳，如同參、商二宿相隔不通，這是其紀傳體例的缺憾。
⑤ 饒：多。
⑥ 西都：漢西都長安（今陝西西安），代指漢。
⑦ 該：同"賅"，完備。
⑧ 尋討：尋究探討。
⑨ 案：考。
⑩ 開國承家：新建邦國或承繼封邑。易師上六："大君有命，開國承家，小人勿用。"家：大夫之邑。

無家可宅，而以世家爲稱，豈當然乎？夫史之篇目，皆遷所創，豈以自我作故，而名實無準？且諸侯、大夫，家、國本別。三晉①之與田氏②，自未爲君而前，齒列陪臣、屈身藩後③，而前後一統，俱歸世家。使君臣相雜、升降失序，何以責季孫之八佾舞庭、管氏之三歸反坫？④ 又列號東帝，抗衡西秦，地方千里，高視六國，而没其本號，唯以田完⑤制名，求之人情，孰謂其可？當漢氏之有天下也，其諸侯與古不同。夫古者諸侯皆即位建元，專制一國，緜緜瓜瓞，卜世長久⑥。至于漢代則不然，其宗子稱王者，皆受制京邑，自同州郡；異姓封侯者，必從宦天朝，不臨方域⑦，或傳國唯止一身，或襲爵方經數世，雖名班胙土⑧，而禮異人君。必編世家，實同列傳。而馬遷强加別録，以類相從，

---

① 三晉：韓氏、趙氏、魏氏三家，本爲晉卿，後來分有晉國。
② 田氏：本爲齊臣，後來代有姜姓齊國。
③ 齒列陪臣、屈身藩後：位次皆在陪臣之列，躬身跟從藩國之君。陪臣，臣之臣，如諸侯卿大夫之于天子、大夫家臣之于諸侯國君。
④ "君臣"至"反坫"：若像三晉、田氏這樣先爲陪臣，後篡諸侯，其前後史實却都屬世家，使諸侯所用"世家"與臣所"列傳"名義混淆，陪臣升爲諸侯、諸侯降爲臣失去次序，那如何去責備季孫"八佾舞于庭，僭用天子禮樂；管仲"有三歸"亦有反坫，僭用諸侯規制呢？參論語八佾"孔子謂季氏：'八佾舞于庭，是可忍也，孰不可忍也'"，及論語爲政"管氏有三歸，官事不攝，焉得儉？……邦君爲兩君之好有反坫，管氏亦有反坫，管氏而知禮，孰不知禮"。
⑤ 指太史公敘田氏齊國事爲"田敬仲完世家"，直稱田氏先祖田完名字，而隱没其本號，與其餘諸國世家體例不同。這與田氏齊國的國力、地位不稱，求之常情是不可取的。
⑥ 緜緜瓜瓞，卜世長久：繼嗣綿延，國祚長久。參詩大雅緜"緜緜瓜瓞，民之初生，自土沮漆"。
⑦ 從宦天朝，不臨方域：出仕于朝廷，不親臨封地。
⑧ 名班胙土：名列諸侯。班，列。胙土，賜土分封。

雖得畫一①之宜，詎②識隨時之義？蓋班漢③知其若是，釐革④前非。至如蕭、曹茅土之封，荆、楚葭莩之屬⑤，並一概稱傳，無復世家，事勢當然，非矯枉也。自茲已降，年將四百，及魏有中夏，而揚、益不賓⑥，終亦受屈中朝，見稱僞主。爲史者必題之以紀，則上通帝王；榜之以傳，則下同臣妾。梁主敕撰通史，定爲吳、蜀世家。持彼僭君，比諸列國，去太去甚，其得折中之規乎！次有子顯齊書，北編魏虜；牛弘周史，南記蕭詧⑦，考其傳體，宜曰"世家"。但近古著書，通無此稱，用使馬遷之目，湮没不行；班固之名，相傳靡易⑧者矣。（世家第五）

課後習題

一、如何理解春秋作爲經，與其後史書的本質區别？

二、請簡述劉知幾所評史記、漢書體例得失，及"世家"傳體後世湮没不行的原因。

---

① 畫一：規整一致。
② 詎：豈。
③ 班漢：班固漢書。
④ 釐革：改正革除。
⑤ "蕭曹"至"之屬"：因功封侯的酇侯蕭何、平陽侯曹參，因親封王的荆王劉賈、楚王劉交這一類。茅土：分茅裂土，賜封諸侯。葭莩：蘆葦中白而薄的膜衣，喻指親戚。
⑥ "及魏"至"不賓"：到曹魏據有中原，而吳、蜀不臣服。揚、益，以所治州郡代指吳、蜀。
⑦ "子顯"至"蕭詧（chá）"：蕭子顯在南齊書中以魏虜傳記載北朝史事，牛弘周史也爲南朝梁宣帝蕭詧作列傳。
⑧ 靡易：不改。

延伸閱讀

春秋左氏傳序（節錄）*

杜 預

　　春秋者，魯史記之名也。記事者，以事繫日，以日繫月，以月繫時，以時繫年，所以紀遠近，別同異也。故史之所記，必表年以首事，年有四時，故錯舉以爲所記之名也。周禮有史官，掌邦國四方之事，達四方之志。諸侯亦各有國史。大事書之于策，小事簡牘而已。孟子曰：楚謂之檮杌，晋謂之乘，而魯謂之春秋，其實一也。韓宣子適魯，見易象與魯春秋，曰："周禮盡在魯矣，吾乃今知周公之德與周之所以王。"韓子所見，蓋周之舊典禮經也。周德既衰，官失其守。上之人不能使春秋昭明，赴告策書，諸所記注，多違舊章。仲尼因魯史策書成文，考其真偽，而志其典禮，上以遵周公之遺制，下以明將來之法。其教之所存，文之所害，則刊而正之，以示勸戒。其餘則皆即用舊史，史有文質，辭有詳略，不必改也。故傳曰："其善志。"又曰："非聖人孰能修之？"蓋周公之志，仲尼從而明之。左丘明受經于仲尼，以爲經者不刊之書也，故傳或先經以始事，或後經以終義，或依經以辯理，或錯經以合異，隨義而發。其例之所重，舊史遺文，略不盡舉，非聖人所修之要故也。身爲國史，躬覽載籍，必廣記而備言之。其文緩，其旨遠，將令學者原始要終，尋其枝葉，究其所窮。優而柔之，使自求之；厭而飫之，使自趨之。若

---

*　本文節錄自四部備要經部，上海中華書局據阮刻本。

江海之浸，膏澤之潤，渙然冰釋，怡然理順。然後爲得也。

其發凡以言例，皆經國之常制，周公之垂法，史書之舊章，仲尼從而修之，以成一經之通體。其微顯闡幽，裁成義類者，皆據舊例而發義，指行事以正褒貶。諸稱"書""不書""先書""故書""不言""不稱""書曰"之類，皆所以起新舊、發大義，謂之變例。然亦有史所不書，即以爲義者，此蓋春秋新意，故傳不言"凡"，曲而暢之也。其經無義例，因行事而言，則傳直言其歸趣而已，非例也。故發傳之體有三，而爲例之情有五。一曰"微而顯"，文見于此，而義起在彼，"稱族，尊君命；舍族，尊夫人"，"梁亡"，"城緣陵"之類是也。二曰"志而晦"，約言示制，推以知例，參會不地，與謀曰"及"之類是也。三曰"婉而成章"，曲從義訓，以示大順，諸所諱辟，璧假許田之類是也。四曰"盡而不汙"，直書其事，具文見意，丹楹刻桷，天王求車，齊侯獻捷之類是也。五曰"懲惡而勸善"，求名而亡，欲蓋而章，書齊豹"盜"，三叛人名之類是也。推此五體，以尋經傳，觸類而長之，附于二百四十二年行事，王道之正，人倫之紀備矣。

文選序

蕭 統

【題解】

蕭統，南朝齊廢帝永元三年（501）—梁武帝中大通三年（531），字德施，梁武帝長子，諡昭明，世稱昭明太子。

蕭統雅好讀書，主持編纂文選，選錄先秦至梁詩文七百餘篇，按文體和題材分類編排，此篇即其序，概述了文體的流變以及文選的去取標準。

式②觀元始③，眇覿玄風④，冬穴夏巢之時，茹⑤毛飲血之世，世質民淳，斯文⑥未作。逮乎伏羲氏之王天下也，始畫八卦、造書契，以代結繩之政，由是文籍生焉。易曰："觀乎天文

---

* 本篇選自六臣注文選，北京：中華書局，2012年，第2—4頁。
② 式：發語辭，無實義。
③ 元始：最初。元，亦始。
④ 眇覿玄風：遠見上古之風尚。眇，遠。覿，見。玄，幽遠。
⑤ 茹：食。
⑥ 斯文：論語子罕："文王既沒，文不在茲乎！天之將喪斯文也，後死者不得與于斯文也；天之未喪斯文也，匡人其如予何？"朱子集注："道之顯者謂之文，蓋禮樂制度之謂。"

以察時變，觀乎人文以化成天下。"① 文之時義②遠矣哉！若夫椎輪爲大輅之始，大輅寧有椎輪之質；增冰爲積水所成，積水曾微增冰之凜③，何哉？蓋踵④其事而增華，變其本而加厲⑤，物既有之，文亦宜然，隨時變改，難可詳悉。

　　嘗試論之曰：詩序云："詩有六義焉：一曰風，二曰賦，三曰比，四曰興，五曰雅，六曰頌。"⑥ 至于今之作者異乎古昔，古詩之體，今則全取賦名。荀、宋表之于前，賈、馬繼之于末。⑦ 自兹以降，源流實繁。述邑⑧居，則有憑虛⑨、亡是⑩之作；戒畋⑪遊，則有長楊、羽獵⑫之制。若其紀一事、詠一物，風雲草木之興，魚蟲禽獸之流，推而廣之，不可勝載矣。

　　又楚人屈原，含忠履潔，君匪從流⑬，臣進逆耳，深思遠

---

① 易賁彖傳。
② 時義：時宜之義。
③ "椎輪"至"之凜"：車輪没有輻條的棧車是天子所乘大輅的起源，但大輅哪有棧車質樸；厚厚的冰層由積水凝結，積水却無層冰寒冷。增，同"層"。微，無。凜，寒。
④ 踵：追繼。
⑤ 厲：甚。
⑥ 語出詩大序。朱子集傳："風、雅、頌者，聲樂部分之名也。風則十五國風，雅則大、小雅，頌則三頌也。賦、比、興，則所以製作風、雅、頌之體也。賦者，直陳其事；比者，以彼狀此；興者，託物興詞。"
⑦ "荀、宋"至"于末"：荀，荀子。宋，宋玉。賈，賈誼。馬，司馬相如。他們都有賦體名篇傳世。
⑧ 邑：都市。
⑨ 憑虛：憑虛公子，張衡作西京賦，假託其詩西京咸陽。
⑩ 亡是：亡是公，司馬相如作上林賦，假託其詩上林苑。
⑪ 畋（tián）：打獵。
⑫ 長楊、羽獵：指揚雄的長楊賦、羽獵賦。
⑬ 君匪從流：國君並非從善如流。

四、文史

159

慮，遂放湘南。耿介之意既傷，壹鬱①之懷靡愬②。臨淵有懷沙之志，吟澤有憔悴之容。③騷人之文，自茲而作。

詩者，蓋志之所之也，情動于中而形于言。④關雎、麟趾，正始之道著；⑤桑間、濮上，亡國之音表。⑥故風、雅之道，粲然⑦可觀。自炎漢⑧中葉，厥塗漸異。退傅有在鄒之作⑨，降將著河梁之篇⑩，四言、五言，區以別矣。又少則三字，多則九言，各體互興，分鑣⑪並驅。頌者，所以遊揚⑫德業、褒贊成功。吉

---

① 壹鬱："抑鬱"。
② 靡愬（sù）：無處訴説。愬，同"訴"。
③ 史記屈原賈生列傳："乃作懷沙之賦。……于是懷石，遂自投汨羅以死。"楚辭漁父："屈原既放，遊于江潭，行吟澤畔，顏色憔悴，形容枯槁。"
④ 引自詩大序："詩者，志之所之也。在心爲志，發言爲詩。情動于中而形于言，言之不足，故嗟嘆之；嗟嘆之不足，故永歌之；永歌之不足，不知手之舞之、足之蹈之也。"
⑤ "關雎"至"道著"：關雎與麟之趾分別是詩周南的第一篇與最後一篇，故用于兼指二南。詩大序説："周南、召南，正始之道，王化之基。"朱子集傳："王者之道，始于家，終于天下，而二南正家之事也。"
⑥ 禮記樂記："桑間、濮上之音，亡國之音也。其政散，其民流，誣上行私而不可止也。"鄭康成注："濮水之上，地有桑間者，亡國之音，于此之水出也。在昔殷紂，使師延作靡靡之樂，已而自沉于濮水。後師涓過焉，夜聞而寫之，爲晉平公鼓之，是之謂也。桑間在濮陽南。"
⑦ 粲然：鮮明貌。
⑧ 炎漢：據五德終始之説，漢屬火德，故稱炎漢。
⑨ 退傅有在鄒之作：西漢韋孟爲楚元王及其子、孫三代王傅，元王孫劉戊無道，韋孟曾作詩諷諫，後來韋孟退居鄒地，亦作一篇。
⑩ 降將著河梁之篇：蘇武被羈十九年不屈，終得歸漢，已降匈奴的李陵在河梁送別，作詩三首，其一有"攜手上河梁"之句，蕭統認爲這是五言詩的開端。然係他人託名之作。
⑪ 鑣（biāo）：馬勒，代指馬。
⑫ 遊揚：宣揚。此句化用詩大序"頌者，美盛德之形容，以其成功告于神明者也"。

甫有"穆若"之談①，季子有"至矣"之嘆②。舒布爲詩，既言如彼；總成爲頌，又亦若此。次則箴興于補闕，戒出于弼匡③，論則析理精微，銘則序事清潤，美終④則誄發，圖⑤像則贊興。又詔誥教令⑥之流，表奏牋記⑦之列，書誓符檄⑧之品，弔祭悲哀⑨之作，答客指事⑩之制，三言八字⑪之文，篇辭引序⑫，碑碣誌狀⑬，衆制鋒起⑭，源流間出。譬陶匏⑮異器，並爲入耳之娛；黼黻⑯不同，俱爲悅目之玩。作者之致，蓋云備矣。

余監撫⑰餘閒，居多暇日，歷觀文囿，泛覽辭林，未嘗不心

① 吉甫有"穆若"之談：周尹吉甫作烝民讚揚仲山甫，末云："吉甫作誦，穆如清風。"
② 季子有"至矣"之嘆：左傳襄公二十九年載：吳公子季札出使魯國，得觀周樂，到頌，稱讚説"至矣哉"。
③ 弼匡：輔弼匡正。
④ 美終：在人去世時作文讚頌悼念。
⑤ 圖：繪畫。
⑥ 詔誥教令：君上命事或戒勉的四種文體。詔、誥出于君，教、令出于后及太子、諸王。
⑦ 表奏牋記：臣下稟事或陳謝的四種文體。
⑧ 書誓符檄：書即書信。誓、符、檄三種文體，在征討時用于曉諭軍士臣民及聲討敵方。
⑨ 弔祭悲哀：弔、祭、哀三種文體，均用于悲悼死喪。
⑩ 答客指事：答客指虛構主客對答來充分闡明己意，指事指鋪陳事類來啓發勸諫君上。
⑪ 三言八字：可能指三言的讖緯歌謠及八字的隱語。
⑫ 篇辭引序：四種文體，篇、辭、引爲詩歌，序用于書前述旨。
⑬ 碑碣誌狀：碑文、石刻、墓誌、行狀四種記載逝者行實，歌頌功德的文體。
⑭ 鋒起：爭相興起。鋒，通"蜂"。
⑮ 陶匏（páo）：指陶土燒製的塤與以匏爲座的笙兩種樂器。匏，葫蘆。
⑯ 黼黻（fú fú）：禮服上刺繡的紋飾。白與黑相次爲黼，黑與青相次爲黻。
⑰ 監撫：左傳閔公二年載：太子"君行則守，有守則從。從曰撫軍，守曰監國"。

遊目想，移晷①忘倦。自姬②、漢以來，眇焉悠邈，時更七代③，數踰千祀④。詞人才子，則名溢于縹囊⑤；飛文染翰⑥，則卷盈乎緗帙⑦。自非略其蕪穢，集其清英，蓋欲兼功，太半難矣。

若夫姬公⑧之籍，孔父⑨之書，與日月俱懸、鬼神争奥⑩，孝敬之準式⑪，人倫之師友，豈可重以芟夷⑫、加之剪截！老、莊之作，管⑬、孟之流，蓋以立意爲宗，不以能文爲本，今之所撰，又亦略諸。若賢人之美辭、忠臣之抗直⑭，謀夫之話、辨⑮士之端⑯，冰釋泉涌，金相玉振⑰，所謂坐狙丘、議稷下，仲連

---

① 晷：日影。
② 姬：指周。周天子爲姬姓。
③ 七代：周、秦、漢、魏、晋、宋、齊。
④ 祀：年。
⑤ 縹（piǎo）囊：青白色絲帛製成的書囊，代指書卷。縹，帛青白色。
⑥ 翰：筆毫。
⑦ 緗（xiāng）帙：淺黄色絲帛製成的書套，代指書卷。緗，帛淺黄色。
⑧ 姬公：周公。
⑨ 孔父：孔子。
⑩ 奥：玄妙。
⑪ 準式：準繩法式。
⑫ 芟（shān）夷：删削。芟，割草。夷：除滅。
⑬ 管：管仲。
⑭ 抗直：剛直不屈。
⑮ 辨：通"辯"。
⑯ 端：舌端，代指言談。
⑰ 金相玉振：質地如金，發聲如玉。相，質。振，發聲。融會王逸離騷序"金相玉質"及孟子萬章下"金聲而玉振之"之意。

之却秦軍，食其之下齊國，留侯之發八難，曲逆之吐六奇①，蓋乃事美一時、語流千載，概見墳籍②，旁出子史。若斯之流，又亦繁博，雖傳之簡牘，而事異篇章，今之所集，亦所不取。至于記事之史、繫年之書③，所以褒貶是非，紀別異同，方之篇翰，亦已不同。若其贊論之綜緝辭采，序述之錯比④文華，事出于沉思，義歸于翰藻，故與夫篇什，雜而集之。遠自周室，迄于聖代⑤，都⑥爲三十卷，名曰文選云耳。

凡次文之體，各以彙聚。詩賦體既不一，又以類分。類分之中，各以時代相次。

課後習題

一、請概述蕭統所言文體流變。

二、請談談對"若夫姬公之籍，孔父之書，與日月俱懸、鬼神爭奧，孝敬之準式，人倫之師友，豈可重以芟夷、加之剪截"的理解。

---

① "所謂"至"六奇"：均是著名謀夫辯士的事迹。文選與楊德祖書李善注引魯連子載，"齊之辯者曰田巴，辯于狙丘而議于稷下……一日而服千人"。狙丘與稷均齊國山名。戰國策趙策載，秦圍邯鄲，魯仲連駁斥魏國使者辛垣衍勸趙尊秦之論，秦爲之退軍五十里。史記酈生陸賈列傳載，酈食其遊説齊王田廣歸漢，下齊七十餘城。史記留侯世家載，留侯張良以八事辯難，勸阻漢高祖分封六國之後爲諸侯。史記陳丞相世家載，曲逆侯陳平"六出奇計"。
② 墳籍：典籍。墳，伏羲、神農、黃帝之書，謂之三墳。
③ 繫年之書：分年編次事類的史書。
④ 錯比：交錯鋪陳。
⑤ 聖代：蕭統稱梁。
⑥ 都（dū）：總。

延伸閱讀

劉勰文心雕龍。

史記 太史公讚語（節錄）

太史公

【題解】

太史公，生于漢景帝中元五年（前145），卒年不詳。姓司馬，名遷，字子長，後人因其任太史令，稱太史公。太史公從漢武帝太初元年（前101）起，歷十四年，撰著了第一部紀傳體通史太史公書，後稱史記，載黃帝至武帝太初四年間三千餘年史事。報任安書敘其作意曰："僕竊不遜，近自託于無能之辭，網羅天下放失舊聞，略考其行事，綜其終始，稽其成敗興壞之紀，上計軒轅，下至于茲，爲十表、本紀十二、書八章、世家三十、列傳七十，凡百三十篇。亦欲以究天人之際，通古今之變，成一家之言。"

本篇節選了十四條太史公在各傳記末尾所書讚語，以見其對善惡興衰之評判與其心志懷抱。

太史公曰：吾聞之周生曰"舜目蓋重瞳子①"，又聞項羽亦重瞳子。羽豈其苗裔邪？何興之暴②也！夫秦失其政，陳涉首

---

① 重瞳子：目有雙瞳孔。
② 暴：強而遽。

難，豪傑蠭起①，相與並爭，不可勝數。然羽非有尺寸乘埶②，起隴畝③之中，三年，遂將五諸侯④滅秦，分裂天下而封王侯，政由羽出，號爲"霸王"，位雖不終，近古以來未嘗有也。及羽背關懷楚⑤，放逐義帝⑥而自立，怨王侯叛己，難矣。自矜功伐，奮其私智而不師古，謂霸王之業，欲以力征經營天下，五年卒亡其國，身死東城⑦，尚不覺寤而不自責，過矣。乃引"天亡我，非用兵之罪也"，豈不謬哉！（項羽本紀）⑧

太史公曰：夏之政忠⑨。忠之敝⑩，小人以野⑪，故殷人承之以敬。敬之敝，小人以鬼⑫，故周人承之以文。文之敝，小人以僿⑬，故救僿莫若以忠。三王之道若循環，終而復始。周、秦之間，可謂文敝矣。秦政不改，反酷刑法，豈不繆乎。故漢興，承敝易變，使人不倦，得天統矣。（高祖本紀）⑭

太史公曰：詩有之："高山仰止，景行行止。"⑮ 雖不能至，

---

① 蠭（fēng）起：紛然並起。蠭，同"蜂"。
② 乘埶（shì）：乘勢。埶，同"勢"。
③ 隴畝：田野間。隴，同"壟"。
④ 將五諸侯：率領當時的齊、趙、韓、魏、燕五國諸侯。
⑤ 背關懷楚：背棄先入關中者封王之約，心懷故楚而東歸定都彭城。
⑥ 義帝：項羽起事，立楚懷王之後熊心襲爲懷王。秦亡，項羽欲還都彭城，佯尊熊心爲"義帝"，迫其遷於長沙郴縣，並暗中遣人弒殺。
⑦ 東城：今安徽定遠東南。
⑧ 節錄自史記第一册，北京：中華書局，2013年，第424頁。
⑨ 忠：質厚。
⑩ 敝：衰。
⑪ 野：樸野，少禮節。
⑫ 鬼：尚鬼，儀節繁多。
⑬ 僿（sài）：苟習文法而不誠。
⑭ 節錄自史記第二册，北京：中華書局，2013年，第489-490頁。
⑮ 高山仰止，景行行止：出于詩小雅車舝。

然心鄉①往之。余讀孔氏書，想見其爲人。適魯，觀仲尼廟堂車服禮器，諸生以時習禮其家，余祗廻②留之不能去云。天下君王至于賢人衆矣，當時則榮，没則已焉。孔子布衣，傳十餘世，學者宗之。自天子王侯，中國言六藝者折中于夫子，可謂至聖矣！(孔子世家)③

　　太史公曰：國之將興，必有禎④祥，君子用而小人退；國之將亡，賢人隱，亂臣貴。使楚王戊毋刑申公，遵其言⑤，趙任防與先生⑥，豈有簒殺之謀，爲天下僇⑦哉？賢人乎，賢人乎，非質有其内，惡⑧能用之哉！甚矣，"安危在出令，存亡在所任"，誠哉是言也！(楚元王世家)⑨

　　太史公曰：學者多言無鬼神，然言有物⑩。至如留侯所見老父予書⑪，亦可怪矣。高祖離⑫困者數矣，而留侯常有功力焉，

① 鄉（xiàng）：同"嚮"。
② 祗（zhī）廻：恭敬徘徊。祗，敬。廻，同"回"。
③ 節録自史記第六册，北京：中華書局，2013年，第2344頁。
④ 禎（zhēn）：亦祥。
⑤ "楚王"至"申公"：漢書楚元王傳載，"王戊稍淫暴，二十年，爲薄太后服私姦，削東海、薛郡，乃與吴通謀。二人（申公、白生）諫，不聽，胥靡之，衣之赭衣，使杵臼雅舂于市"。申公，名培。胥靡，顏師古注云"聯繫使相隨而服役之，故謂之胥靡，猶今之役囚徒，以鎖聯綴耳"。
⑥ 防與先生：趙賢人，已失姓字。
⑦ 僇（lù）：通"戮"。
⑧ 惡（wū）：如何。
⑨ 節録自史記第六册，北京：中華書局，2013年，第2403頁。
⑩ 物：索隱云，"物，謂精怪及藥物"。
⑪ 老父予書：指留侯于下邳圯上遇老者贈太公兵法，老者自稱"穀城山下黄石即我"。
⑫ 離：通"罹"，遭受。

豈可謂非天乎？上①曰："夫運籌筴②帷帳之中，決勝千里外，吾不如子房。"余以爲其人計魁梧奇偉，至見其圖，狀貌如婦人好女。蓋孔子曰"以貌取人，失之子羽③"，留侯亦云。（留侯世家）④

太史公曰：商君⑤，其天資刻薄人也。迹⑥其欲干孝公以帝王術，挾持浮說，非其質矣。且所因由嬖臣⑦，及得用，刑公子虔，欺魏將卬，不師趙良之言⑧，亦足發明商君之少恩矣。余嘗讀商君開塞耕戰書⑨，與其人行事相類，卒受惡名于秦，有以⑩也夫！（商君列傳）⑪

太史公曰：余讀孟子書，至梁惠王問"何以利吾國"⑫，未嘗不廢書而嘆也。曰：嗟乎！利誠亂之始也。夫子"罕言利"⑬

---

① 上：君上，此指漢高祖。
② 籌筴（cè）：竹製計算用具。筴，同"策"。
③ 子羽：史記仲尼弟子列傳載："澹臺滅明，武城人，字子羽，少孔子三十九歲。狀貌甚惡。欲事孔子，孔子以爲材薄。既已受業，退而修行，行不由徑，非公事不見卿大夫。南遊至江，從弟子三百人，設取予去就，名施乎諸侯。孔子聞之，曰：'吾以言取人，失之宰予；以貌取人，失之子羽。'"
④ 節錄自史記第六冊，北京：中華書局，2013年，第2474頁。
⑤ 商君：公孫氏，名鞅，以封地號爲"商君"。
⑥ 迹：循實考知。
⑦ 嬖（bì）臣：君王所寵近臣。
⑧ "及得"至"之言"，事見史記商君列傳。
⑨ 開塞耕戰書：據索隱，"按商君書，'開'謂'刑嚴峻則政化開'，'塞'謂'布恩賞則政化塞'，其意本于嚴刑少恩，又爲田開阡陌，及言斬敵首賜爵，是耕戰書也"。
⑩ 以：原因。
⑪ 節錄自史記第七冊，北京：中華書局，2013年，第2704頁。
⑫ 見孟子梁惠王上。
⑬ 見論語子罕。

者，常防其原也。故曰，"放于利而行，多怨"①，自天子至于庶人，好利之弊何以異哉！（孟子荀卿列傳）②

太史公曰：平原君③，翩翩濁世之佳公子也，然未覩大體。鄙語曰"利令智昏"，平原君貪馮亭邪説，使趙陷長平兵四十餘萬衆，邯鄲幾亡。虞卿④料事揣情，爲趙畫策，何其工也。及不忍魏齊，卒困于大梁，庸夫且知其不可，況賢人乎？然虞卿非窮愁，亦不能著書以自見于後世云。（平原君虞卿列傳）⑤

太史公曰：韓子稱"長袖善舞，多錢善賈"⑥，信哉是言也。范雎、蔡澤，世所謂一切辯士，然遊説諸侯，至白首無所遇者，非計策之拙，所爲説力少也。及二人覊旅入秦，繼踵⑦取卿相，垂功于天下者，固強弱之勢異也。然士亦有偶合⑧，賢者多如此二子，不得盡意，豈可勝道哉！然二子不困厄，惡能激乎？（范雎蔡澤列傳）⑨

太史公曰：知死必勇，非死者難也，處⑩死者難。方藺相如引璧睨柱，及叱秦王左右，勢不過誅，然士或怯懦而不敢發。相如一奮其氣，威信敵國，退而讓頗，名重太山，其處智勇，可謂

---

① 見論語里仁。
② 節録自史記第七册，北京：中華書局，2013年，第2833頁。
③ 平原君：趙國公子，名勝，事見史記平原君虞卿列傳。
④ 虞卿：趙國上卿，名勝，事見史記平原君虞卿列傳。
⑤ 節録自史記第七册，北京：中華書局，2013年，第2872頁。
⑥ 長袖善舞，多錢善賈（gǔ）：引自韓非子五蠹"鄙諺曰'長袖善舞，多錢善賈'，此言多資之易爲工也。"指資財多更容易將事情做精細。賈，買賣。
⑦ 繼踵：相繼。踵，脚後跟。
⑧ 偶合：偶然遭際。
⑨ 節録自史記第七册，北京：中華書局，2013年，第2926頁。
⑩ 處：處置，決斷。

兼之矣。（廉頗藺相如列傳）①

　　太史公曰：以項羽之氣，而季布以勇顯于楚，身屢軍搴旗②者數矣，可謂壯士；然至被刑戮，爲人奴而不死，何其下③也。彼必自負其材，故受辱而不羞，欲有所用其未足也，故終爲漢名將。賢者誠重其死，夫婢妾賤人感慨④而自殺者，非能勇也，其計畫無復之耳。欒布哭彭越，趣湯⑤如歸者，彼誠知所處，不自重其死。雖往古烈士，何以加哉！（季布欒布列傳）⑥

　　太史公曰：袁盎雖不好學，亦善傅會⑦，仁心爲質，引義忼⑧慨。遭孝文初立，資適逢世⑨。時以變易，及吳楚一説，説雖行哉，然復不遂⑩。好聲矜賢⑪，竟以名敗。晁錯爲家令時，數言事不用，後擅權，多所變更。諸侯發難，不急匡救，欲報私讎，反以亡軀。語曰"變古亂常，不死則亡"，豈錯等謂邪？（袁盎晁錯列傳）⑫

---

① 節錄自史記第八册，北京：中華書局，2013年，第2957頁。
② 屢軍搴（qiān）旗：覆亡敵軍，拔取旗幟。屢，一作"履"、一作"覆"，索隱以爲"覆"義爲長。搴，拔取。
③ 下：自處卑下。
④ 感慨：感發憤激。
⑤ 趣湯：趨赴鼎鑊。指漢高祖欲烹殺欒布，欒布將入鼎鑊，仍能從容陳詞。趣，同"趨"。湯，熱水，代指用于烹煮的鼎鑊。
⑥ 節錄自史記第八册，北京：中華書局，2013年，第3293頁。
⑦ 傅會：同"附會"，統貫協同。參文心雕龍附會："何謂附會？謂總文理，統首尾，定與奪，合涯際，彌綸一篇，使雜而不越者也。"
⑧ 忼（kāng）：奮發。
⑨ 資適逢世：才質正逢可以施展之世。
⑩ "吳楚"至"不遂"：吳楚之亂，袁盎進言誅殺晁錯，雖然得以施行，但自此也不再被進用。遂，進用。
⑪ 好聲矜賢：喜好美名，矜誇賢能。
⑫ 節錄自史記第八册，北京：中華書局，2013年，第3309頁。

太史公曰：傳①曰，"其身正，不令而行；其身不正，雖令不從"，其李將軍之謂也？余覩李將軍悛悛②如鄙人，口不能道辭，及死之日，天下知與不知，皆爲盡哀。彼其忠實心誠信于士大夫也。諺曰"桃李不言，下自成蹊"，此言雖小，可以諭大也③。（李將軍列傳）④

太史公曰：春秋推見至隱⑤，易本隱之以顯⑥，大雅言王公大人而德逮⑦黎庶，小雅譏小己之得失，其流及上，所以言雖外殊，其合德一也。相如雖多虛辭濫説，然其要歸引之節儉，此與詩之風諫⑧何異。……（司馬相如列傳）⑨

課後習題

一、請嘗試條析太史公評述善惡廢興的依據，並結合所學史通（節録），試述史記之褒貶何以不及春秋。

二、如何理解孔子之列"世家"、項羽之列"本紀"？

---

① 傳：此指論語，在漢代屬傳。所引爲論語子路第六章。
② 悛（xún）悛：同"恂恂"，恭謹信實。
③ "諺曰"至"故也"：索隱引姚氏云，"桃李本不能言，但以華實感物，故人不期而往，其下自成蹊徑也。以喻廣雖不能出辭，能有所感，而忠心信物故也"。蹊，徑道。諭，同"喻"，明。
④ 節録自史記第九册，北京：中華書局，2013年，第3458頁。
⑤ 至隱：至爲精微的義理。隱，微。
⑥ 隱之以顯：參虞喜志林"春秋以人事通天道，是推見至隱也；易以天道接人事，是本隱以之明顯也。"
⑦ 逮：及。
⑧ 風諫：微婉規諫。
⑨ 節録自史記第九册，北京：中華書局，2013年，第3698頁。

延伸閱讀

史記　儒林列傳（節錄）①

太史公曰：余讀功令，至于廣厲學官之路，未嘗不廢書而嘆也。曰：嗟乎，夫周室衰而關雎作，幽、厲微而禮樂壞，諸侯恣行，政由彊國。故孔子閔王路廢而邪道興，于是論次詩、書，修起禮樂。適齊聞韶，三月不知肉味。自衛返魯，然後樂正，雅頌各得其所。世以混濁莫能用，是以仲尼干七十餘君無所遇，曰"苟有用我者，期月而已矣"。西狩獲麟，曰"吾道窮矣"。故因史記作春秋，以當王法，其辭微而指博，後世學者多錄焉。

自孔子卒後，七十子之徒散遊諸侯，大者爲師傅卿相，小者友教士大夫，或隱而不見。故子路居衛，子張居陳，澹臺子羽居楚，子夏居西河，子貢終于齊。如田子方、段干木、吳起、禽滑釐之屬，皆受業于子夏之倫，爲王者師。是時獨魏文侯好學。後陵遲以至于始皇，天下並爭于戰國，儒術既絀焉，然齊、魯之間，學者獨不廢也。于威、宣之際，孟子、荀卿之列，咸遵夫子之業而潤色之，以學顯于當世。

及至秦之季世，焚詩書，坑術士，六藝從此缺焉。陳涉之王也，而魯諸儒持孔氏之禮器往歸陳王。于是孔甲爲陳涉博士，卒與涉俱死。陳涉起匹夫，驅瓦合適戍，旬月以王楚，不滿半歲竟滅亡，其事至微淺，然而縉紳先生之徒負孔子禮器往委質爲臣者，何也？以秦焚其業，積怨而發憤于陳王也。

---

① 節錄自史記第十册，北京：中華書局，2013年，第3759－3764頁。

及高皇帝誅項籍，舉兵圍魯，魯中諸儒尚講誦習禮樂，弦歌之音不絕，豈非聖人之遺化，好禮樂之國哉！故孔子在陳，曰"歸與歸與，吾黨之小子狂簡，斐然成章，不知所以裁之"。夫齊、魯之間于文學，自古以來，其天性也。故漢興，然後諸儒始得修其經藝，講習大射鄉飲之禮。叔孫通作漢禮儀，因爲太常，諸生弟子共定者，咸爲選首，于是喟然嘆興于學。然尚有干戈，平定四海，亦未暇遑庠序之事也。孝惠、呂后時，公卿皆武力有功之臣。孝文時頗徵用，然孝文帝本好刑名之言。及至孝景，不任儒者，而竇太后又好黃老之術，故諸博士具官待問，未有進者。

及今上即位，趙綰、王臧之屬明儒學，而上亦鄉之，于是招方正賢良文學之士。自是之後，言詩于魯則申培公，于齊則轅固生，于燕則韓太傅，言尚書自濟南伏生，言禮自魯高堂生，言易自菑川田生，言春秋于齊魯自胡毋生，于趙自董仲舒。及竇太后崩，武安侯田蚡爲丞相，絀黃老、刑名百家之言，延文學儒者數百人，而公孫弘以春秋，白衣爲天子三公，封以平津侯。天下之學士靡然鄉風矣。

公孫弘爲學官，悼道之鬱滯，乃請曰："丞相御史言：制曰'蓋聞導民以禮，風之以樂。婚姻者，居屋之大倫也。今禮廢樂崩，朕甚愍焉。故詳延天下方正博聞之士，咸登諸朝。其令禮官勸學，講議洽聞興禮，以爲天下先。太常議與博士弟子崇鄉里之化，以廣賢材焉'。謹與太常臧、博士平等議曰：聞三代之道，鄉里有教，夏曰校，殷曰序，周曰庠。其勸善也，顯之朝廷；其懲惡也，加之刑罰。故教化之行也，建首善自京師始，由內及外。今陛下昭至德，開大明，配天地，本人倫，勸學修禮，崇化厲賢，以風四方，太平之原也。古者政教未洽，不備其禮。請因舊官而興焉，爲博士官置弟子五十人，復其身。太常擇民年十八已上儀狀端正者，補博士弟子。郡國縣道邑有好文學、敬長上、肅政教、順鄉里、出入不悖所聞者，令相長丞上屬所二千石，二千石謹察可者，當與計偕詣太常，得受業如弟子。一歲皆輒試，能通一藝以上，補文學掌故缺；其高弟可以爲郞中者，太常籍奏。即有秀才異等，輒以名聞；其不事學，若下材及不能通一藝，輒罷之，而請諸不稱者罰。臣謹案：詔書律令下者，明天人分際，通古今之義，文章爾雅，訓辭深厚，恩施甚美。小吏淺聞，不能究宣，無以明布諭下。治禮次治掌故，以文學禮義爲官，遷留滯。請選擇其秩比二百石以上，及吏百石通一藝以上，補左右內史、大行卒史。比百石已下，補郡太守卒史，皆各二人，邊郡一人。先用誦多者，若不足，乃擇掌故補中二千石屬，文學掌故補郡屬，備員。請著功令。佗如律令。"制曰："可。"自此以來，則公卿大夫士吏斌斌多文學之士矣。……

莊子 天下（節録）*

【題解】

天下篇是莊子雜篇之一，作者不詳。此篇述及對溥遍全備的古之道術的理解，與其明在經史，散于天下的傳衍過程，被認爲是最早的"先秦學術史"。

天下之治方①術者多矣，皆以其有②爲不可加矣。古之所謂道術者，果惡乎在？曰："無乎不在。"曰："神何由降？明何由出？""聖有所生，王有所成，皆原于一。"不離于宗③，謂之天人；不離于精，謂之神人；不離于真，謂之至人。以天爲宗，以德爲本，以道爲門，兆④于變化，謂之聖人。以仁爲恩，以義爲理，以禮爲行，以樂爲和，薰然⑤慈仁，謂之君子。以法爲分，

---

* 本文節録自郭慶藩莊子集釋下册，北京：中華書局，1961年，第1060—1064頁。
① 方：道。
② 有：所得。
③ 宗：本根。
④ 兆：現。
⑤ 薰然：温和貌。

以名爲表，以參爲驗，以稽爲決，其數一二三四是也。① 百官以此相齒②，以事③爲常，以衣食爲主，蕃息畜藏，老弱孤寡爲意，皆有以養，民之理也。古之人其備乎！配神明，醇天地，育萬物，和天下，澤及百姓，明于本數，係于末度④，六通四辟⑤，小大精粗，其運無乎不在。其明而在數度者，舊法、世傳之史尚多有之；其在于詩書禮樂者，鄒魯之士、搢紳先生⑥多能明之。詩以道志，書以道事，禮以道行，樂以道和，易以道陰陽，春秋以道名分。其數散于天下而設⑦于中國者，百家之學時或稱而道之。

天下大亂，賢聖不明，道德不一。天下多得一察⑧焉以自好，譬如耳目鼻口，皆有所明，不能相通。猶百家衆技也，皆有所長，時有所用。雖然，不該不遍⑨，一曲⑩之士也。判⑪天地之美，析萬物之理，察古人之全，寡能備于天地之美，稱神明之

---

① "以法"至"是也"：王先謙集解云，"以法度爲分別，以名號爲表率"，"以所操文書爲徵驗"，"以稽考所操而決事"，四者"分明不爽如是"。參，本又作"操"，執。稽，考。
② 齒：序次。
③ 事：日用之事，指耕作。
④ 明于本數，係于末度：郭慶藩集釋云，"本數，仁義也。末度，名法也"。
⑤ 六通四辟：郭慶藩集釋云，"通六合以遨遊，法四時而變化"。
⑥ 鄒魯之士、搢紳先生：孔孟故地的儒者。孟子鄒人，孔子魯人。搢紳，將笏板插在大帶中，指穿着儒服。
⑦ 設：施。
⑧ 一察：所知一端。
⑨ 不該不遍：不完備周遍。該，同"賅"。
⑩ 一曲：一偏。
⑪ 判：分。

容。是故内聖外王①之道闇②而不明，鬱而不發，天下之人各爲其所欲焉以自爲方。悲夫，百家往而不反，必不合矣！後世之學者，不幸不見天地之純，古人之大體，道術將爲天下裂。

課後習題

一、爲什麼"道術將爲天下裂"？
二、後世之學如何復歸"内聖外王之道"？

延伸閱讀

莊子　天下（節錄）

不侈于後世，不靡于萬物，不暉于數度，以繩墨自矯而備世之急，古之道術有在于是者。墨翟、禽滑釐聞其風而說之，爲之大過，已之大循。作爲非樂，命之曰節用，生不歌，死無服。墨子泛愛、兼利而非鬭，其道不怒；又好學而博，不異，不與先王同，毁古之禮樂。黄帝有咸池，堯有大章，舜有大韶，禹有大夏，湯有大濩，文王有辟雍之樂，武王、周公作武。古之喪禮，貴賤有儀，上下有等，天子棺槨七重，諸侯五重，大夫三重，士再重。今墨子獨生不歌，死不服，桐棺三寸而無槨，以爲法式。以此教人，恐不愛人；以此自行，固不愛己。未敗墨子道，雖然，歌而非歌，哭而非哭，樂而非樂，是果類乎？其生也勤，其

---

① 内聖外王：内全聖德，外行王政。
② 闇（àn）：閉藏幽晦。

死也薄，其道大觳；使人憂，使人悲，其行難爲也。恐其不可以爲聖人之道，反天下之心，天下不堪。墨子雖獨能任，奈天下何！離于天下，其去王也遠矣！……亂之上也，治之下也。雖然，墨子真天下之好也，將求之不得也，雖枯槁不舍也，才士也夫！①

……

以本爲精，以物爲粗，以有積爲不足，澹然獨與神明居，古之道術有在于是者。關尹、老聃聞其風而説之，建之以常無有，主之以太一，以濡弱謙下爲表，以空虚不毁萬物爲實。關尹曰："在己無居，形物自著。其動若水，其静若鏡，其應若響。芴乎若亡，寂乎若清。同焉者和，得焉者失。未嘗先人而常隨人。"老聃曰："知其雄，守其雌，爲天下谿；知其白，守其辱，爲天下谷。"人皆取先，己獨取後，曰受天下之垢；人皆取實，己獨取虚，無藏也故有餘，巋然而有餘。其行身也，徐而不費，無爲也而笑巧；人皆求福，己獨曲全，曰苟免于咎。以深爲根，以約爲紀，曰堅則毁矣、鋭則挫矣。常寬容于物，不削于人，可謂至極。關尹、老聃乎，古之博大真人哉！

芴漠無形，變化無常，死與生與，天地並與，神明往與！芒乎何之，忽乎何適，萬物畢羅，莫足以歸，古之道術有在于是者。莊周聞其風而説之，以謬悠之説，荒唐之言，無端崖之辭，時恣縱而不儻，不以觭見之也。以天下爲沉濁，不可與莊語，以卮言爲曼衍，以重言爲真，以寓言爲廣。獨與天地精神往來，而不敖倪于萬物，不譴是非，以與世俗處。其書雖瑰瑋而連犿無

---

① 節録自郭慶藩莊子集釋下册，北京：中華書局，1961年，第1067—1075頁。

傷也，其辭雖參差而諔詭可觀。彼其充實不可以已，上與造物者遊，而下與外死生、無終始者爲友。其于本也，弘大而辟，深閎而肆，其于宗也，可謂稠適而上遂矣。雖然，其應于化而解于物也，其理不竭，其來不蛻，芒乎昧乎，未之盡者。……①

四、文史

---

① 節錄自郭慶藩莊子集釋下冊，北京：中華書局，1961年，第1087—1092頁。

通論四　名物考辨

一、天文曆法

我國曆法爲陰陽合曆：以地繞日一周爲一年，以月繞地一周爲一月，通過閏月協調二者間的差數。這種曆法既保證以地日關係爲核心的"年"可以指導農業生產，以地月關係爲核心的"月"在指明月相的同時，也可以爲觀測潮汐、出海打漁等活動提供參考。

我國的曆法系統雖然並無現代天文學中地球、太陽、月球間具體關係的概念，但在古人的實際測量中，區分了天行、日行、地行、月行，並以此作爲曆法的理論根據：天體至圓，周長爲 $\left(365\frac{1}{4}\right)°$，每天向左繞地 $\left(366\frac{1}{4}\right)°$；太陽繞地較天體爲遲，每天繞地一周 $\left(365\frac{1}{4}\right)°$。故每 $\left(365\frac{1}{4}\right)$ 天太陽與天體相會，也即一年之日數。月球繞地較天體尤遲，較天體繞地而少 $\left(13\frac{7}{19}\right)°$，故每 $\left(29\frac{497}{940}\right)$ 天與太陽相會，也即一月之日數。最終依此確定了十九年七閏的置閏法：以 19 年爲一個週期，每個週期中置 7 個閏月。

我國的天文觀測最早可追溯到距今4000餘年的陶寺遺址時期。在陶寺遺址發現的觀象臺被部分學者認爲是迄今爲止中國最早發現的天文觀測遺迹。尚書與殷墟甲骨文中也有關于天象觀測的記載。

值得注意的是，隨着時間的推延，掌管天時、曆法之職位的重要性漸漸降低：周時太史令尚稱大臣，至明時，欽天監監正僅爲正五品官員。但曆法作爲指導農業生産、有關國計民生的重要文件，自古以來即被賦予了極强的正統意義。它不僅是政權行使權力的表徵，在"天人合一"的理論下，同時也是王朝重要的正統性來源。

在先秦時期，這種正統性表現于國家之建正。每逢鼎革，新政權通常以改易正朔的形式宣告立國。在傳統曆法下，一年有12個月，並行地支與序數兩套計數系統。在地支系統中，以冬至所在月爲子月，次月爲丑月，以此類推。所謂建正，即在地支系統中確立歲首。如夏建寅，即以寅月爲歲首正月；商建丑，即以丑月爲歲首正月；周建子，即以子月爲歲首正月。自漢以後至今皆效夏建寅，故今之農曆亦稱夏曆。

可參考：尚書正義堯典，二十四史中之天文志、五行志，陳垣二十史朔閏表。

二、歷史地理

根據近年考古學的研究來看，早至近萬年前，農耕、遊牧兩種文化的地理分界綫即在今天的内蒙古北部、寧夏、青海一帶，即使常被人視爲胡人的聚居區的遼寧、内蒙古南部與甘南地區，仍屬于傳統的漢人聚居區。這一點與後世的秦漢長城相一致，並在隨後以迄于今的歷史發展中未有大的變動。這説明自文化類型固定以後，中國或漢族作爲一種族群之形成雖仍待以長城的修建爲標誌，但其活動疆域是大致確定的。

　　隨着人類活動的繁榮和生産力的進步，通過對既有疆域的統合和挖掘，以政體轉變爲標誌，中國從邦國制逐漸走向郡縣制。一方面，這與經濟發展和生產關係緊切相關，另一方面，以公羊傳所言"大一統"爲表徵，士人對國家統一的要求愈加強烈。雖然後世對從封建到郡縣轉變的合法性仍有爭議，但通過從後王以肯認郡縣已成爲主流。

　　相關文獻可參考曆朝職官志及譚其驤中國歷史地圖集。

　　1. 九州

　　中國最早的行政區劃記載可追溯至尚書堯典中所説的"十二州"與尚書禹貢中所説的"九州"：

　　　　肇十有二州，封十有二山，濬川。
　　　　禹別九州，隨山濬川，任土作貢。

　　根據唐孔仲達的疏證，九州之境當爲中國所固有，此言"禹別"者，是對"作貢"而言。至堯時，洪水肆虐，依河流重新界定區劃，于是自原冀州中分出幽、并二州，自原青州中分出營州，是爲十二州。

　　冀州：西南以黃河爲界，東北以遼河爲界，北部以沙漠爲界，大致包括今北京、天津、河北、山西省（市）全境及河南北部和內蒙古、遼寧的部分地區。冀，從北異聲，北方州也，故名。

兗州：西北以古黃河爲界，東南以古濟水爲界，在今山東西部與山東、河北交界處。兗，古作沇，沇水，即濟水，故名。

青州：南以泰山爲界，東以渤海爲界，在今山東東部、河北南部一帶。州土色青，故名。

徐州：南以淮河爲界，北以泰山爲界，大致在今淮海地區。徐，舒緩貌，以州土氣舒緩，故名。

荊州：南以衡山南側爲界，北以荊山爲界，大致包括今湖北、湖南全省。以地多荊，故名。

揚州：北以淮河爲界，南以南海爲界，大致爲今淮河以南的長江流域以及嶺南地區。

豫州：西以荊山爲界，北以黃河爲界，大致爲今河南省中南部。

梁州：北以華山南側爲界，西以黑水爲界，大致包括今四川、重慶、貴州、雲南等省（市）全境及陝西南部和廣西的部分地區。

雍州：西以黑水爲界，東以黃河爲界，大致包括今寧夏全境及陝西中北部和青海、內蒙古的部分地區。

并州：原冀州北部，大致爲今山西、河北北部及河套平原地區。

幽州：原冀州東北部，大致爲今北京、天津全域及河北東北部。

營州：原青州東北部，大致爲今遼寧南部地區。

2. 封建

封建制度的起源今難以確定，學術界尚有爭議。一般認爲，夏商時中國尚處于邦國制，即各諸侯國認同中央王朝爲共主，但各自享有較高的自治權力。它與封建制最大的區別在于，各國所自有之傳承並不來源于天子賜封。至周時，以京城周方千里爲王畿，稱周國；並分封天下，國分五等，曰：公、侯、伯、子、男，往往被視爲封建制之成熟。周時分封的對象有三種：王族、功臣與古聖王之後。

封建制的核心在于以"親親""尊尊"爲核心的政治秩序。中庸謂"仁者，人也，親親爲大；義者，宜也，尊賢爲大"，以血脈爲紐結、以親緣爲中心，不斷向外拓展，構成了封建制這一政治體制的基本框架。這不僅在義理上爲封建制提供理論基礎，同時，在歷史現實上也爲政權的鞏固與權力的延伸提供強有力的支撐。

值得注意的是，自秦行郡縣以來，封建制並未完全被廢除。傳統意義上的封建制雖自漢以後隨着士族與平民勢力的崛起逐漸消亡，但名義上的封建仍然存在。周時分封建國之諸侯是一種實質上的國君，在一定限制之下，但不僅擁有財政、稅收等權力，官員簡任與軍隊征戰亦受其管轄。作爲一種制度的限制，在缺少權力保障時，則諸侯可以僭越，地方與中央之關係在事實上有從歸屬變爲平等甚至反之的可能或危險。至隋唐以後封王雖成虛號，但名義上仍有封地，亦保留稅收等部分權力，且地方官員不得干預。這也可視爲封建制度在郡縣制下的殘留或延伸。

西周主要封國表

國名	爵位	姓氏	性質	首任國君	初封地治所	備注
虞國	公爵	姬姓	王族	虞仲，周太王次子仲雍之曾孫	今山西省平陸縣	前655爲晉所滅

續表

國名	爵位	姓氏	性質	首任國君	初封地治所	備註
西虢國	公爵	姬姓	王族	虢叔，季歷第三子，文王弟	今陝西省寶雞市	南遷後稱南虢國。前655爲晉所滅
東虢國	公爵	姬姓	王族	虢仲，季歷第二子，文王弟	今河南省滎陽市	前676，爲鄭所滅。復封夏陽，稱北虢，前655爲晉所滅
宋國	公爵	子姓	王裔	微子啓，商王帝乙（紂王）長庶子	今河南省商丘市	前286爲齊所滅。
杞國	公爵	姒姓	王裔	東樓公，禹裔	今河南省杞縣	春秋時黜爲伯爵。前445爲楚所滅
魯國	侯爵	姬姓	王族	伯禽，文王孫，周公旦嫡次子	今山東省曲阜市	前255爲楚所滅
衛國	侯爵	姬姓	王族	康叔，武王弟	今河南省鶴壁市	前209爲秦所滅
晉國	侯爵	姬姓	王族	唐叔虞，成王弟	今山西省絳縣	初名唐。前376三家分晉，亡
邢國	侯爵	姬姓	王族	姬苴，文王孫，周公旦第四子	今河北省邢臺市	前635爲衛所滅
滕國	侯爵	姬姓	王族	姬叔繡，文王第十四子	今山東省滕州市	戰國初爲宋所滅
管國	侯爵	姬姓	王族	姬叔鮮，文王第三子	今河南省管城區	西周初三監之亂被廢

四、文史

續表

國名	爵位	姓氏	性質	首任國君	初封地治所	備注
蔡國	侯爵	姬姓	王族	蔡叔度，文王第五子	今河南省上蔡縣	西周初三監之亂被廢後復國。前447爲楚所滅
楊國	侯爵	姬姓	王族	尚父，宣王子	今山西省洪洞縣	春秋中爲晋所滅
齊國	侯爵	姜姓	功臣	太公望	今山東省臨淄區	前386田氏代齊。前221爲秦所滅
紀國	侯爵	姜姓	功臣	姜静，太公望次子	今山東省壽光縣	前690爲齊所滅
陳國	侯爵	嬀姓	王裔	嬀滿，舜裔	今河南省柘城縣	前478爲楚所滅
薊國	侯爵	祁姓	王裔	不詳，堯裔	今北京市	春秋中爲燕所滅
鄭國	伯爵	姬姓	王族	姬友，宣王弟	今河南省新鄭市	前375爲韓所滅
燕國	伯爵	姬姓	王族	姬奭，武王弟	今北京市房山區	前222爲秦所滅
魏國	伯爵	姬姓	王族	不詳	今山西省芮城縣	前661爲晋所滅。晋封武王子畢公高之裔于魏，即後分晋之魏
曹國	伯爵	姬姓	王族	曹叔振鐸，文王第六子	今山東省定陶縣	前487爲宋所滅
郕國	伯爵	姬姓	王族	姬武，武王弟	今山東省汶上縣	前408爲齊所滅

續表

國名	爵位	姓氏	性質	首任國君	初封地治所	備注
霍國	伯爵	姬姓	王族	霍叔處，文王第八子	今山西省霍州市	西周初三監之亂被廢後復國。前 661 爲晋所滅
秦國	伯爵	嬴姓	功臣	秦襄公	今陝西省隴縣	商臣惡來後。初爲附庸，以護平王東遷封爵
吴國	子爵	姬姓	王族	周章，泰伯裔	今江蘇省蘇州市	前 473 爲越所滅
巴國	子爵	姬姓	王族	不詳	陝南	前 316 爲秦所滅
楚國	子爵	芈姓	功臣	熊繹	今河南省淅川縣	前 223 爲秦所滅
莒國	子爵	己姓	王裔	玆輿期，少昊裔	今山東省膠州市	前 431 爲楚所滅
邾國	子爵	曹姓	王裔	曹俠，顓頊五世孫晏安裔	今山東省鄒城市	亦稱鄒國、邾婁，戰國中爲楚所滅
許國	男爵	姜姓	王裔	許文叔，四岳伯夷裔	今河南省許昌縣	前 375 爲楚所滅

3. 郡縣

郡縣制是在中國歷史上施行時間最長、影響最爲深遠的行政區劃制度。初，縣作爲一種區劃名稱是郡的上級行政單位，如逸周書謂"千里百縣，縣有四郡"。至秦統一天下後，廢分封，行郡縣，置 36 郡，郡下轄縣，縣始在郡下。在嗣後的兩千餘年中，縣作爲中國行政區劃中的最基本單位被保留至今，各縣名或有更易，但基本領域幾未改變。

值得注意的是，行政區劃的概念在古今是不同的。在當今的區劃下，沒有城池的隔絕，則一省轄數市，一市轄數縣，形成事實上的省－市－縣三級行政區劃，而市中又可以轄區。然而，縣作爲最基本的單位，在古代以城池爲邊界所構成的縣城成爲區劃中的核心。因此，行省、州府、縣城的治所可能處於同一城池之中，即會導致附郭縣的產生。附郭縣即：縣政府治所與州、府、省等上級政府機構治所設置于同一城池内的特殊形態。例如，唐時長安城所轄之長安、萬年二縣，皆以長安城之城池爲城池，府城與縣城合一。

3.1　兩漢主要行政區劃

有懲暴秦之失，高祖封功臣及同姓宗親爲王，以廣羽翼；同行郡縣，以勵中央。兩漢郡縣、封建並行，稱郡國制。漢初封王，有同姓、異姓之分。後異姓王漸被翦除，自景帝七王之亂、武帝推恩令以後，同姓王勢力亦漸低。王莽時，漢封侯國被廢，東漢立，旋復。初，武帝時置刺史以巡查地方，各刺史所轄之地依先十二州而有增益，無定員、無定所。至東漢末遂演變成爲一種郡之上的一級行政區劃。

西漢行政區劃簡表

刺史部	郡國	郡（國）治	備注
司隸部	京兆尹	長安（今陝西西安）	
	左馮翊	長安（今陝西西安）	
	右扶風	長安（今陝西西安）	
	河東郡	安邑（今山西夏縣）	
	弘農郡	弘農（今河南靈寶）	
	河南郡	雒陽（今河南洛陽）	
	河內郡	懷縣（今河南武陟）	
徐州刺史部	楚國	彭城（今江蘇徐州）	同姓王，幾經廢置
	臨淮郡	徐縣（今江蘇泗洪）	
	廣陵國	廣陵（今江蘇揚州）	同姓王
	泗水國	凌縣（今江蘇泗陽）	同姓王
	東海郡	郯縣（今山東郯城）	
	魯國	魯縣（今山東曲阜）	同姓王
	琅邪郡	東武（今山東諸城）	
豫州刺史部	潁川郡	陽翟（今河南禹州）	
	汝南郡	平輿縣（今河南平輿）	
	沛郡	相縣（今安徽蕭縣）	
	梁國	睢陽（今河南商丘）	同姓王

續表

刺史部	郡國	郡（國）治	備注
青州刺史部	東萊郡	掖縣（今山東萊州）	
	膠東國	即墨（今山東平度）	同姓王，幾經廢置
	高密國	高密（今山東高密）	同姓王
	北海郡	營陵縣（今山東昌樂）	
	菑川國	劇縣（今山東壽光）	同姓王，幾經廢置
	齊郡	臨淄（今山東臨淄）	
	千乘郡	千乘（今山東高青）	
	濟南郡	東平陵（今山東章丘）	
	平原郡	平原（今山東平原）	
朔方刺史部	北地郡	馬領（今甘肅慶陽）	
	上郡	膚施（今陝西榆林）	
	河西郡	平定（今陝西神木）	
	五原郡	九原（今內蒙古包頭）	
	朔方郡	朔方（今內蒙古烏拉特）	
冀州刺史部	魏郡	鄴縣（今河北臨漳）	
	趙國	邯鄲（今河北邯鄲）	同姓王
	廣平國	廣平（今河北雞澤）	同姓王，幾經廢置
	清河郡	清陽（今河北清河）	
	信都國	信都（今河北冀縣）	同姓王
	河間國	樂成（今河北獻縣）	同姓王，幾經廢置
	巨鹿郡	巨鹿（今河北雞澤）	
	真定國	真定（今河北正定）	同姓王
	常山郡	元氏（今河北元氏）	
	中山國	盧奴（今河北定州）	同姓王

續表

刺史部	郡國	郡（國）治	備注
并州刺史部	上黨郡	長子（今山西長子）	
	太原郡	晉陽（今山西晉原）	
	雁門郡	善無（今山西右玉）	
	代郡	代縣（今河北蔚縣）	
	定襄郡	成樂（今內蒙古和林格爾）	
	雲中郡	雲中（今內蒙古托克托）	
兗州刺史部	東郡	濮陽（今河南濮陽）	
	濟陰郡	定陶（今山東定陶）	
	陳留郡	陳留（今河南開封）	
	淮陽國	陳縣（今河南淮陽）	同姓王，幾經廢置
幽州刺史部	渤海郡	浮陽（今河北滄州）	
	涿郡	涿縣（今河北涿州）	
	廣陽國	薊縣（今北京）	同姓王
	上谷郡	沮陽（今河北懷來）	
	漁陽郡	漁陽（今北京懷柔）	
	右北平郡	萍剛（今內蒙古寧城）	
	遼西郡	陽樂（今遼寧義縣）	
	遼東郡	襄平（今遼寧遼陽）	
	玄菟郡	高句麗（今遼寧新賓）	
	樂浪郡	朝鮮（今朝鮮平壤）	

四、文史

續表

刺史部	郡國	郡（國）治	備注
益州刺史部	漢中郡	西城（今陝西安康）	
	武都郡	武都（今甘肅西和）	
	廣漢郡	梓潼（今四川梓潼）	
	蜀郡	成都（今四川成都）	
	巴郡	江州（今重慶）	
	犍為郡	僰道（今四川宜賓）	
	越嶲郡	邛都（今四川西昌）	
	益州郡	滇池（今雲南呈貢）	
	牂柯郡	蘭且（今貴州貴定）	
涼州刺史部	安定郡	高平（今寧夏固原）	
	天水郡	平壤（今甘肅通渭）	
	隴西郡	狄道（今甘肅臨洮）	
	金城郡	允武（今甘肅蘭州）	
	武威郡	姑臧（今甘肅武威）	
	張掖郡	觻得（今甘肅靖安）	
	酒泉郡	祿福（今甘肅酒泉）	
	敦煌郡	敦煌（今甘肅敦煌）	
揚州刺史部	九江郡	陰陵（今安徽鳳陽）	
	廬江郡	舒縣（今安徽廬江）	
	丹陽郡	宛陵（今安徽宣州）	
	吳郡	吳縣（今江蘇蘇州）	
	會稽郡	山陰（今浙江紹興）	
	豫章郡	南昌（今江西南昌）	

續表

刺史部	郡國	郡（國）治	備註
荊州刺史部	南陽郡	宛縣（今河南南陽）	
	江夏郡	西陵（今湖北新洲）	
	南郡	江陵（今湖北江陵）	
	武陵郡	臨沅（今湖南常德）	
	長沙國	臨湘（今湖南長沙）	初異姓王，廢，改封同姓
	零陵郡	泉陵（今湖南永州）	
	桂陽郡	郴縣（今湖南郴州）	
交趾刺史部	南海郡	番禺（今廣東廣州）	
	蒼梧郡	廣信（今廣西梧州）	
	合浦郡	合浦（今廣西合浦）	
	鬱林郡	布山（今廣西桂平）	
	交趾郡	龍編（今越南河內）	
	九真郡	胥浦（今越南清化）	
	日南郡	西卷（今越南廣治）	

東漢行政區劃簡表

刺史部	郡國	郡（國）治	備註
司隸校尉部	京兆尹	長安（今陝西西安）	
	左馮翊	高陵（今陝西高領）	
	右扶風	槐里（今陝西興平）	
	河東郡	安邑（今山西夏縣）	
	弘農郡	弘農（今河南靈寶）	
	河南郡	雒陽（今河南洛陽）	
	河內郡	懷縣（今河南武陟）	

續表

刺史部	郡國	郡（國）治	備注
徐州刺史部	彭城國	彭城（今江蘇徐州）	
	下邳郡	下邳（今江蘇邳縣）	
	廣陵郡	廣陵（今江蘇揚州）	
	東海郡	郯縣（今山東郯城）	
	琅邪國	開陽（今山東臨沂）	
豫州刺史部	潁川郡	陽翟（今河南禹州）	
	汝南郡	平輿（今河南平輿）	
	沛國	相縣（今安徽蕭縣）	
	梁國	睢陽（今河南商丘）	
	陳國	陳縣（今河南睢陽）	
	魯國	魯縣（今山東曲阜）	
青州刺史部	東萊郡	黃縣（今山東龍口）	
	北海國	劇縣（今山東壽光）	
	齊國	臨菑（今山東臨淄）	
	樂安國	臨濟（今山東高青）	
	濟南國	東平陵（今山東章丘）	
	平原郡	平原（今山東平原）	

續表

刺史部	郡國	郡（國）治	備注
冀州刺史部	魏郡	鄴縣（今河北臨漳）	
	趙國	邯鄲（今河北邯鄲）	
	渤海郡	南皮（今河北南皮）	
	清河國	甘陵（今山東臨清）	
	安平國	信都（今河北冀縣）	
	河間國	樂成（今河北獻縣）	
	巨鹿郡	巨鹿（今河北雞澤）	
	常山國	元氏（今河北元氏）	
	中山國	盧奴（今河北定州）	
并州刺史部	上黨郡	長子（今山西長子）	
	太原郡	晉陽（今山西晉原）	
	雁門郡	陰館（今山西朔州）	
	西河郡	離石（今山西離石）	
	上郡	膚施（今陝西榆林）	
	五原郡	九原（今內蒙古包頭）	
	朔方郡	臨戎（今內蒙古磴口）	
	代郡	代縣（今河北蔚縣）	
	定襄郡	善無（今山西右玉）	
	雲中郡	雲中（今內蒙古托克托）	

四、文史

續表

刺史部	郡國	郡（國）治	備注
兗州刺史部	東郡	濮陽（今河南濮陽）	
	濟陰郡	定陶（今山東定陶）	
	陳留郡	陳留（今河南開封）	
	山陽郡	昌邑（今山東巨野）	
	任城國	任城（今山東微山）	
	東平國	無鹽（今山東東平）	
	濟北國	盧縣（今山東長清）	
	泰山郡	奉高（今山東泰安）	
幽州刺史部	遼東屬國	昌黎（今遼寧義縣）	
	代郡	高柳（今山西陽高）	
	涿郡	涿縣（今河北涿州）	
	廣陽郡	薊縣（今北京）	
	上谷郡	沮陽（今河北懷來）	
	漁陽郡	漁陽（今北京密雲）	
	右北平郡	土垠（今河北唐山）	
	遼西郡	陽樂（今遼寧義縣）	
	遼東郡	襄平（今遼寧遼陽）	
	玄菟郡	高句麗（今遼寧新賓）	
	樂浪郡	朝鮮（今朝鮮平壤）	

續表

刺史部	郡國	郡（國）治	備注
益州刺史部	漢中郡	南鄭（今陝西漢中）	
	廣漢郡	雒縣（今四川廣漢）	
	廣漢屬國	陰平（今甘肅文縣）	
	蜀郡	成都（今四川成都）	
	蜀郡屬國	漢嘉（今四川蘆山）	
	巴郡	江州（今重慶）	
	犍爲郡	武陽（今四川彭山）	
	犍爲屬國	朱提（今雲南昭通）	
	越巂郡	邛都（今四川西昌）	
	益州郡	滇池（今雲南呈貢）	
	牂柯郡	且蘭（今貴州貴定）	
	永昌郡	不韋（今雲南保山）	
涼州刺史部	安定郡	臨涇（今甘肅鎮原）	
	武都郡	下辨（今甘肅徽縣）	
	隴西郡	狄道（今甘肅臨洮）	
	漢陽郡	冀縣（今甘肅甘谷）	
	北地郡	富平（今寧夏吳忠）	
	金城郡	允武（今甘肅蘭州）	
	張掖郡	觻得（今甘肅靖安）	
	酒泉郡	禄福（今甘肅酒泉）	
	敦煌郡	敦煌（今甘肅敦煌）	

續表

刺史部	郡國	郡（國）治	備注
揚州刺史部	九江郡	陰陵（今安徽鳳陽）	
	廬江郡	舒縣（今安徽廬江）	
	丹陽郡	宛陵（今安徽宣州）	
	吳郡	吳縣（今江蘇蘇州）	
	會稽郡	山陰（今浙江紹興）	
	豫章郡	南昌（今江西南昌）	
荆州刺史部	南陽郡	宛縣（今河南南陽）	
	江夏郡	西陵（今湖北新洲）	
	南郡	江陵（今湖北江陵）	
	武陵郡	臨沅（今湖南常德）	
	長沙郡	臨湘（今湖南長沙）	
	零陵郡	泉陵（今湖南永州）	
	桂陽郡	郴縣（今湖南郴州）	
交州刺史部	南海郡	番禺（今廣東廣州）	
	蒼梧郡	廣信（今廣西梧州）	
	合浦郡	合浦（今廣西合浦）	
	鬱林郡	布山（今廣西桂平）	
	交趾郡	龍編（今越南河內）	
	九真郡	胥浦（今越南清化）	
	日南郡	西卷（今越南廣治）	

3.2 唐朝主要行政區劃

自漢末演變爲州－郡－縣三級以來，歷經五百年的割據與戰亂，此種行政區劃已名存實亡。貞觀間，仿漢刺史以監察百官，設十道；開元間，改十五道。此時，與西漢相似，道僅爲監察區，並未成爲實際的行政區劃。安、史之亂後，藩鎮坐大，各節度使于其轄區幾乎可以完全行使財賦、軍事及人事任命等權力，唐初所設之十五道名存實亡。唐以此而亡。

唐朝行政區劃簡表

道	道治	州府數	備注
京畿道	京城（今陝西西安）	6	
關内道	京城（今陝西西安）	25	
都畿道	東都（今河南洛陽）	2	
河南道	汴州（今河南開封）	28	
河東道	蒲州（今山西永濟）	21	
河北道	魏州（今河北邯鄲）	31	
山南東道	襄州（今湖北襄陽）	18	
山南西道	梁州（今陝西漢中）	17	
隴右道	鄯州（今青海西寧）	21	
淮南道	揚州（今江蘇揚州）	12	
江南東道	蘇州（今江蘇蘇州）	19	
江南西道	洪州（今江西南昌）	19	
黔中道	黔州（今重慶彭水）	13	
劍南道	益州（今四川成都）	40	
嶺南道	廣州（今廣東廣州）	76	

3.3 宋朝主要行政區劃

宋承唐制，改道爲路。但有鑒于唐亡于藩鎮，唐之道僅爲監察區，至宋，路置帥、憲、漕、倉等司，直聽于中央。宋初，始定爲十五路,幾經變革,至崇寧間定爲二十四路。建炎南渡後,劃十六路。

宋代行政區劃,地方以府、州爲一級,下統縣數有差。其中以府爲上,州次之。又有軍、監:軍多爲軍事要衝,監多爲工礦鹽牧之地。其中軍、監之有領縣者,與府、州同級而地位次之;亦有不領縣者,則統之于府、州,與縣同級。

北宋末行政區劃簡表

路	路治	府州軍監數	備注
京畿路	開封府(今河南開封)	2	崇寧間嘗設四輔州,尋廢
京東東路	青州(今山東青州)	10	
京東西路	應天府(今河南商丘)	10	
京西南路	襄陽府(今湖北襄陽)	11	
京西北路	河南府(今河南洛陽)	11	
河北東路	大名府(今河北大名)	20	
河北西路	真定府(今河北正定)	18	
河東路	太原府(今山西太原)	23	
永興軍路	京兆府(今陝西西安)	21	
秦鳳路	鳳翔府(今陝西鳳翔)	22	
兩浙路	杭州(今浙江杭州)	17	
淮南東路	揚州(今江蘇揚州)	18	
淮南西路	壽州(今安徽壽縣)	14	
江南東路	江寧府(今江蘇南京)	11	
江南西路	洪州(今江西南昌)	11	

續表

路	路治	府州軍監數	備注
荊湖北路	江陵府（今湖北江陵）	17	
荊湖南路	潭州（今湖南長沙）	10	
福建路	福州（今福建福州）	9	
成都府路	成都府（今四川成都）	16	
梓州路	梓州（今四川三臺）	14	
利州路	興元府（今陝西漢中）	14	
夔州路	夔州（今重慶奉節）	13	
廣南東路	廣州（今廣東廣州）	19	
廣南西路	桂州（今廣西桂林）	26	

南宋行政區劃簡表

路	路治	府州軍監數	備注
兩浙東路	越州（今浙江紹興）	7	
兩浙西路	臨安府（今浙江杭州）	8	
江南東路	建康府（今江蘇南京）	9	
江南西路	洪州（今江西南昌）	11	
淮南東路	揚州（今江蘇揚州）	14	
淮南西路	廬州（今江西九江）	13	
荊湖南路	潭州（今湖南長沙）	10	
荊湖北路	江陵府（今湖北江陵）	16	
京西南路	襄州（今湖北襄陽）	7	
廣南東路	廣州（今廣東廣州）	17	

續表

路	路治	府州軍監數	備注
廣南西路	桂州（今廣西桂林）	25	
福建路	福州（今福建福州）	8	
成都府路	成都（今四川成都）	16	
潼川府路	瀘州（今四川瀘州）	15	
夔州路	夔州（今重慶奉節）	15	
利州路	利州（今四川廣元）	17	

3.4 明朝主要行政區劃

元滅宋，以異族而入中國，疏于統帥，以各地區爲中書省之下行，稱行中書省。行省之說自此。明興，因其舊制，改行省爲布政使司，下轄府、州、縣。其中州分直隸州及屬州：直隸州直統于布政使司，與府平級而稍次；屬州亦稱散州，由府所轄，與縣平級而稍長。因此，明朝實際爲省－府－州－縣之四級制與省－府（州）－縣三級制並行。

明朝行政區劃簡表

直隸/承宣布政使司	治所	府州數	備注
北直隸	順天府（今北京）	10	原作北平承宣布政使司。永樂間遷都北京，改北平爲京師，稱順天府；改爲直隸
南直隸	應天府（今江蘇南京）	18	原作直隸。遷都北平後改稱南直隸
陝西承宣布政使司	西安府（今陝西西安）	11	

續表

直隸/承宣布政使司	治所	府州數	備注
山西承宣布政使司	太原府（今山西太原）	8	
山東承宣布政使司	濟南府（今山東濟南）	6	
河南承宣布政使司	開封府（今河南開封）	9	
浙江承宣布政使司	杭州府（今浙江杭州）	11	
江西承宣布政使司	南昌府（今江西南昌）	13	
湖廣承宣布政使司	武昌府（今湖北武漢）	16	
四川承宣布政使司	成都府（今四川成都）	10	
廣西承宣布政使司	桂林府（今廣西桂林）	20	
廣東承宣布政使司	廣州府（今廣東廣州）	11	
福建承宣布政使司	福州府（今福建福州）	9	
貴州承宣布政使司	貴陽府（今貴州貴陽）	12	
雲南承宣布政使司	雲南府（今雲南昆明）	26	
交趾承宣布政使司	交州府（今越南河内）	20	永樂間收復安南，設三司。宣德間安南復畔，廢

三、兵制職官

兵制、職官的發展與轉變和其時的行政區劃、官員簡任等方式息息相關。一方面，這反映了一個時期的思想崇尚與政治基礎；另一方面，也涉及國家權力架構與權力分配。例如，以宗親制爲體，所催生的以封建制爲表徵的行政區劃和以世襲制爲表徵的官員簡任共同構成了政治在現實的顯現；而自春秋以來，諸侯僭越，士族力量崛起，至戰國，遊士肆行，延伸至于西漢則以察舉制爲基礎打通了平民與士族間的通道。

相關文獻可參考曆朝職官志及兵志。

1. 周朝職官

周朝職官依據天地四時設立，具有鮮明的時代特徵，體現了天理在政事的顯現。其時所施行的宗法制與嫡長子繼承制不僅保證作爲國君的天子與諸侯世襲，卿大夫仍在此規範下以世襲的形式相傳承。依此，周朝建立了天子－卿－諸侯－大夫－士－國人的序列，形成了整飭的政治秩序。其中，卿有佐天子之卿、佐諸侯之卿，大夫亦有佐天子之大夫、佐諸侯之大夫，各有世襲采邑以養其家。天子之卿大夫、大中小國之卿大夫，雖俱爲上卿，而所對應者依次遞減。如天子之卿視同大國之國君，大國之中卿視同中國之上卿。從王制"天子之大夫爲三監，監于諸侯之國者，其禄視諸侯之卿，爵視次國之君，其禄取于方伯之地"來看，周時爵、禄已分類不共論。

周，天子之大臣稱九卿，即三公與六卿之合稱。三公爲太師、太傅、太保。據公羊傳，"天子三公者何？天子之相也。天子之相則何以三？自陝而東者，周公主之；自陝而西者，召公主之；一相處乎内"，則三公主于王事，分治天下。其下有三事官、方伯及卿大夫。六官，即周禮之天、地、春、夏、秋、冬六官。

周禮職官簡表

官府	長官名	屬官名	屬官類	職掌
天官冢宰	太宰	治官	63	帥其屬而掌邦治，以佐王均邦國
地官司徒	大司徒	教官	79	帥其屬而掌邦教，以佐王安擾邦國
春官宗伯	大宗伯	禮官	70	帥其屬而掌邦禮，以佐王和邦國
夏官司馬	大司馬	政官	69	帥其屬而掌邦政，以佐王平邦國

續表

官府	長官名	屬官名	屬官類	職掌
秋官司寇	大司寇	刑官	66	帥其屬而掌邦禁，以佐王刑邦國
冬官司空				佚

2. 兩漢職官

漢承秦制，仍以丞相、太尉、御史大夫爲三公，同掌外朝，下列九卿、列卿，掌國家事務、政令頒發等職。以官署在宮外，故稱外朝。中朝則以大司馬大將軍爲首，領侍中、將軍、常侍、散騎等官，謂之宿衛。中朝亦稱內朝，爲天子近臣，以衙署在宮內，故稱。又有宮官，掌宮廷及天子家庭事務。

新莽後，光武起立。基本沿襲了西漢的官制。惟有懲于權臣干政之失，不設丞相，以弱三公；設立刺史部，廢除地方軍隊，刺史成爲實際上的一級行政長官；強化內朝權力以弱外朝，終致漢亡。

西漢職官簡表

朝屬	官屬	官名	職掌	備注
外朝官	三公	丞相	百官之長	武帝末無實權。西漢末被廢
		太尉	統帥之長	不常置，建元間廢。元狩，以大司馬代之
		御史大夫	監察百官	成帝間改大司空，建平復之，元壽又改

續表

朝屬	官屬	官名	職掌	備注
外朝官	九卿	太常	掌宗廟禮儀	原作奉常，景帝間改
		光祿勛	掌宮掖門户	原作郎中令，太初間改
		衛尉	掌宮門屯兵	景帝初改大夫令，尋復
		太僕	掌乘輿馬政	
		廷尉	掌刑辟	景帝間改大理，武帝復之，哀帝再改
		大鴻臚	掌侯王與內附國之交接禮儀	原名典客，景帝更名大行令，武帝更名大鴻臚
		宗正	掌皇族等次	平帝間更名宗伯
		大司農	掌田賦、鹽酒、漕運等事	原名治粟內史，景帝改大農令，武帝改大司農
		少府	掌天子起居	
	並九卿共稱十二列卿	執金吾	掌京師屯兵	原作尉官，太初間改
		將作大匠	掌皇家土木	原作將作少府，景帝間改
		水衡都尉	掌上林苑	元鼎間置
內朝官		侍中	天子乘輿服物	
		左右曹	分科文員	
		散騎/常侍	騎從乘輿車後，獻可替否	
		給事中	位次常侍	
		領尚書事	參決政事	武帝後常以大將軍、大司馬等領之，以制外朝
		尚書令	出宣詔命	屬少府而不受其節制
		黃門令	掌省中宦官	

續表

朝屬	官屬	官名	職掌	備注
宮官		詹事	掌皇后太子家	
		大長秋	掌皇后宮	
		長信詹事	掌皇太后宮	景帝間更名長信少府，平帝間更名長樂少府
		太子太傅	輔弼太子	
地方官	刺史部	刺史	糾察地方官	武帝間置
	郡	太守	掌一郡總事	
		都尉	佐守典武職甲卒	原作郡尉，景帝間改
		監御史	掌監察事	武帝間廢止
	三輔	京兆尹	掌京畿	原作主爵都尉、左右內史，武帝間改
		左馮翊		
		右扶風		
	縣	縣令	掌一郡總事	萬戶以上縣
		縣長		萬戶以下縣

東漢職官簡表

朝屬	官屬	官名	職掌	備注
外朝官	三公	太尉	掌軍職考核，領太常、衛尉、光祿勳	原作大司馬，建武間改
		司徒	掌禮儀，領太僕、鴻臚、廷尉	原作大司徒，建武間改
		司空	掌營建，領宗正、少府、司農	原作大司空，建武間改

續表

朝屬	官屬	官名	職掌	備注
外朝官	九卿	太常卿	掌宗廟禮儀	
		光祿勛	掌宮掖門户	
		衛尉	掌宮門屯兵	
		太僕	掌乘輿馬政	
		廷尉	掌刑辟	
		大鴻臚	掌侯王與内附國之交接禮儀	
		宗正	掌皇族等次	
		大司農	掌田賦、鹽酒、漕運等事	
		少府	掌天子起居	原少府尚書改稱尚書臺，有令、僕射各一人，尚書六人，權勢漸重
	並九卿共稱十二列卿	執金吾	掌京師屯兵	
		將作大匠	掌皇家土木	
		水衡都尉	掌上林苑	
内朝官		侍中	天子乘輿服物	
		左右曹	分科文員	
		散騎/常侍	騎從乘輿車後，獻可替否	
		給事中	位次常侍	
		領尚書事	參決政事	
		黄門令	掌省中宦官	

續表

朝屬	官屬	官名	職掌	備注
宮官		詹事	掌皇后太子家	
		大長秋	掌皇后宮	
		長信詹事	掌皇太后宮	
		太子太傅	輔弼太子	
地方官	刺史部	州牧	掌一州總事	原作刺史，屢經改易
	郡	太守	掌一郡總事	
		都尉/屬國都尉	領軍轄縣	設于邊郡
		監御史	掌監察事	
	三輔	京兆尹	掌京畿	
		左馮翊		
		右扶風		
	縣	縣令	掌一縣總事	萬户以上縣
		縣長		萬户以下縣

3. 兩晉職官

魏、晉以來，士族勢力進一步加強，官員簡任方式也由察舉制改爲九品中正制。後世官員品級之定自此始。且以武力定國，則以此爲始以迄于南朝之亡，正規官制多由臨時措置而定。

西晉職官簡表

品級	官職
第一品	公，諸從公，開國郡公、縣公
第二品	特進、驃騎、車騎、衛將軍、諸大將軍、諸持節都督、開國縣侯、伯、子、男

續表

品級	官職
第三品	侍中、散騎常侍、中常侍、尚書令、僕射、尚書，中書監、令，秘書監、諸征、鎮、安、平、中軍、鎮軍、撫軍、前後左右、征虜、輔國、龍驤等將軍，光祿大夫、諸卿尹、太子傅保、大長秋、太子詹事、司隸校尉、中領軍、中護軍、縣侯
第四品	武衛、左右衛、中堅、中壘、驍騎、遊擊、前軍、左軍、右軍、後軍、寧朔、建威、振威、奮威、廣威、建武、振武、揚武、廣武、五營校尉、左右積弩、積射、強弩、奮武等將軍，城門校尉、護軍監軍、東西南北中郎將、州刺史領兵者、護匈奴中郎將、護羌戎夷蠻越烏丸校尉、御史中丞、都水使者、鄉侯
第五品	給事中、給事黃門、散騎、中書侍郎、謁者僕射、虎賁中郎將、冗從僕射、羽林監太子中庶子、庶子、家令、率更令、僕、衛率、諸軍司北軍中候、都督護軍、護匈奴中郎、西域代部護羌烏丸等校尉、禮見諸將軍、鷹揚、折衝、輕車、武牙、威遠、寧遠、虎威、材官、伏波、凌江等將軍、牙門將、騎督、安夷撫夷護軍、郡國太守、相、內史、州郡國都尉、亭侯
第六品	尚書左右丞、尚書郎、治書侍御史、侍御史、諸督軍，奉車、駙馬、騎等都尉、諸博士、公府長史、司馬、從事中郎，二品將軍諸大將軍特進都督中護軍長史、司馬、廷尉正、監、平，秘書郎、著作郎、丞郎、黃沙治書侍御史、諸軍長史、司馬，水衡、典虞、牧官、典牧、司鹽都尉，太子門大夫、度支中郎將校尉都督、材官校尉、王郡公侯郎中令、中尉、大農、王傅師及國將軍、諸縣置令秩千石者，太子侍講門大夫、中舍人、司馬督、太子常從虎賁督千人督校尉、督守殿中將軍、黃門令、黃門冗從僕射、關內名號侯
第七品	殿中監、諸卿尹丞、符節御史、獄丞部丞、黃沙典事、太子保傅詹事丞、諸軍長史司馬秩六百石者、護匈奴中郎將護羌戎夷蠻越烏丸校尉長史、司馬、北軍中候丞、城門五營校尉司馬、宜禾伊吾都尉、公府行相郎中令、監淮海津都尉、門下中書通事舍人、尚書典事、太子洗馬、食官令、舍人、黃門中郎將校尉都督、諸縣置令六百石者、左右都候、閶闔門司馬、城門候、尚藥監、大官食監、中署監、小黃門諸署令僕射謁者、藥長寺人監、副牙門將、部曲部督殿中、中黃門尉都尉、黃門諸署丞長史、中黃門、太中、中散、諫議大夫、議郎、關外侯

续表

品級	官職
第八品	門下中書主事通事、散騎集書中書尚書秘書著作治書主書主圖主譜令史、郡國相內史丞長史、烏丸西域代部騎馬，四安四平長史、司馬、水衡、典虞、牧官、典牧、材官、州郡國都尉司馬，司鹽司竹監丞、諸縣令長相、關谷長，諸縣署令千石之丞尉、王郡公侯諸侍郎、諸雜署令、王太妃公主家令、副散督司馬長史、部曲將郡中都尉司馬、羽林郎、黃門從官，寺人中郎、郎中、雜號宣威將軍以下
第九品	蘭臺謁者都水黃沙令史、門下散騎中書尚書秘書令史、殿中蘭臺謁者都水黃沙書令史、諸縣署令長相之丞尉、關谷塞護道尉、王郡公侯諸署長、司理治書、謁者中大夫署丞、王太妃公主家丞、僕、舍人，副散部曲將、武猛中郎將校尉、別部司馬、軍司馬、軍假司馬

東晉職官簡表

品級	官職
第一品	太宰、太傅、太保、太尉、司徒、司空、大司馬、大將軍
第二品	驃騎將軍、車騎將軍、衛將軍、持節都督
第三品	尚書令、左僕射、吏部尚書、祠部尚書、度支尚書、左民尚書、都官尚書、五兵尚書、侍中、給事黃門侍郎、中書令、光祿大夫、大長秋、太子詹事、征鎮將軍
第四品	刺史、御史中丞、都水使者、虎賁中郎將、五官中郎將、左中郎將、右中郎將、南蠻校尉、西戎校尉、南夷校尉
第五品	刺史、太守、中書侍郎、偈者僕射、太子中庶子
第六品	尚書丞郎、侍御史、長史、司馬
第七品	殿中監、戎蠻府長史、戎蠻府司馬、太子洗馬、縣令
第八品	內臺正史令、內臺書令史、外臺正令史、郡丞

4. 唐朝職官

隋改漢之尚書六曹爲五省六曹制，又改爲三省六部制，唐因之。設中書省，長官稱令，副官稱侍郎；門下省，長官稱侍中，副官稱侍郎；尚書省，長官稱令，副官稱僕射。惟太宗嘗官尚書令，故貞觀以後虛置其官而不用，實際以僕射爲尚書省長官。以中書省頒定政策並草擬詔敕，門下省審核或封駁，由尚書省執行。故尚書省下設吏、户、禮、兵、刑、工六部及諸曹、寺，總管天下政務。

隋唐時有職官、散官、勳、爵之別。職官即有實際職務者，散官則有官名而無職事。職事官隨才録用，遷徙出入，參差不定；散位則皆以門蔭結品，然後勞考進敍。勳、爵皆授有武功者，以文臣而授勳、爵者絶少。勳以酬勤勞，有品級，無封邑；爵以酬武功，有采邑，可世襲。

唐朝職官簡表

品級	職官	文散官	武散官	勳	爵
正一品	太師、傅、保，太尉、司徒、司空				親王、公主
從一品	太子太師、太傅、太保	開府儀同三司	驃騎大將軍		嗣王、郡王、國公
正二品	尚書令、大行臺尚書令	特進	輔國大將軍	上柱國	開國郡公
從二品	尚書左右僕射、太子少師、太子少傅、太子少保，京兆、河南、太原府牧，大都督、大都護	光禄大夫	鎮軍大將軍	柱國	開國縣公
正三品	中書令、侍中、六部尚書、十六衛大將軍、太子賓客、太常卿、太子詹事、中都督、上都護	金紫光禄大夫	冠軍大將軍、懷化大將軍	上護軍	

續表

品級	職官	文散官	武散官	勳	爵
從三品	御史大夫、秘書監、光祿、衛尉、宗正、太僕、大理、鴻臚、司農、太府卿，左右散騎常侍、國子祭酒、殿中監、少府監、將作大匠、諸衛羽林千牛將軍、下都督、上州刺史、大都督府長史、大都護府副都護	銀青光祿大夫	雲麾將軍、歸德將軍	護軍	開國侯
正四品上	黃門侍郎、中書侍郎、尚書左丞、吏部侍郎、太常少卿、中州刺史、軍器監、上都護府副都護、上府折衝都尉	正議大夫	忠武將軍	上輕車都尉	開國伯
正四品下	尚書右丞、尚書諸司侍郎、左右千牛衛、左右監門衛中郎將、親勳翊衛羽林中郎將、下州刺史	通議大夫	壯武將軍		
從四品上	光祿、衛尉、宗正、太僕、大理、鴻臚、司農、太府少卿，秘書少監、殿中少監、內侍，大都護府、親王府長史	太中大夫	宣威將軍	輕車都尉	
從四品下	國子司業、少府少監、將作少匠、京兆、河南、太原府少尹、上州別駕、大都督府、大都護府、親王府司馬、中府折衝都尉	中大夫	明威將軍		
正五品上	諫議大夫、御史中丞、國子博士、給事中、中書舍人、都水使者，萬年、長安、河南、洛陽、太原、晉陽、奉先縣令，親勳翊衛羽林郎將、中都督、上都護府長史、親王府典軍	中散大夫	定遠將軍	上騎都尉	開國子

四、文史

續表

品級	職官	文散官	武散官	勳	爵
正五品下	太子中舍人、內常侍、中都督、上都護府司馬，中州別駕、下府折衝都尉	朝議大夫	寧遠將軍		
從五品上	尚書左右司諸司郎中、秘書丞、著作郎、太子洗馬、殿中丞、親王府副典軍，下都督府、上州長史，下州別駕	朝請大夫	遊騎將軍	騎都尉	開國男
從五品下	大理正、太常丞、太史令、內給事、上牧監，下都督府、上州司馬，駙馬都尉、奉車都尉、宮苑總監、上府果毅都尉	朝散大夫	遊擊將軍		
正六品上	太學博士、中州長史、親勳翊衛校尉，京兆、河南、太原府諸縣令，武庫中尚署令、諸衛左右司階、中府果毅都尉	朝議郎	昭武校尉	驍騎尉	
正六品下	千牛備身、備身左右、下州長史、中州司馬、內謁者監、中牧監、上牧副監、上鎮將	承議郎	昭武副尉		
從六品上	起居郎、起居舍人、尚書諸司員外郎、大理司直、國子助教、城門郎、符寶郎、通事舍人、秘書郎、著作佐郎、侍御醫、諸衛羽林長史、兩京市令、下州司馬、左右監門校尉、親勳翊衛旅帥、上縣令	奉議郎	振威校尉	飛騎尉	
從六品下	侍御史，少府、將作、國子監丞，司農寺諸園苑監、下牧監、宮苑總監副監、互市監、中牧副監、下府果毅都尉	通直郎	振威副尉		

續表

品級	職官	文散官	武散官	勳	爵
正七品上	四門博士、詹事司直、左右千牛衛長史、軍器監丞、中縣令、親勳翊衛隊正、親勳翊衛副隊正、中鎮將	朝請郎	致果校尉		
正七品下	內寺伯、諸倉、諸冶、司竹、溫湯監、諸衛左右中候、上府別將、司史、上鎮副、下鎮將、下牧副監	宣德郎	致果副尉		
從七品上	殿中侍御史、左右補闕、太常博士、太學助教、門下省錄事、尚書都事、中書省主書、左右監門直長、都水監丞、中下縣令、京縣丞，中府別將、長史，中鎮副、勳衛太子親衛	朝散郎	翊麾校尉	武騎尉	
從七品下	太史局丞，御史臺、少府、將作、國子監主簿，掖庭、宮闈局令，下縣令、太廟諸陵署丞、司農寺諸園苑副監、宮苑總監丞、公主家令、親王府旅帥，下府別將、長史，下鎮副、諸屯監、諸折衝府校尉	宣義郎	翊麾副尉		
正八品上	監察御史、協律郎、翊衛、大醫署醫博士、軍器監主簿、武庫署丞、兩京市署丞、上牧監丞、執乘親事	給事郎	宣節校尉		

四、文史

續表

品級	職官	文散官	武散官	勳	爵
正八品下	奚官、内僕、内府局令,備身、尚藥局司醫,京兆、河南、太原諸縣丞,太公廟丞、諸宮農圃監、互市監丞、司竹副監、司農寺諸園苑監丞、靈臺郎、上戍主、諸衛左右司戈	征事郎	宣節副尉		
從八品上	左右拾遺、太醫署針博士、四門助教、左右千牛衛錄事參軍、上縣丞、中牧監丞、京縣主簿,諸倉、諸冶、司竹、溫湯監丞,保章正、諸折衝府旅帥	奉承郎	禦侮校尉		
從八品下	大理評事、律學博士、太醫署丞、左右千牛衛諸曹參軍、内謁者、都水監主簿、中書、門下、尚書都省、兵部、吏部、考功、禮部主事,中縣丞、京縣尉、諸屯監丞、上關令、上府兵曹、上挈壺正、中戍主、上戍副、諸率府左右司戈	承務郎	禦侮副尉		
正九品上	校書郎、太祝、典客署掌客、岳瀆令、諸津令、下牧監丞、中下縣丞、中州博士、武庫署監事	儒林郎	仁勇校尉		
正九品下	正字、奚官、内僕丞,内府局丞、太史局司辰、典厩署主乘、下縣丞、下州博士、京兆、河南、太原府諸縣尉,上牧監主簿、諸宮農圃監丞、中關令、親王國尉、上關丞、諸衛左右執戟、中鎮兵曹參軍、下戍主、諸折衝隊正	登仕郎	仁勇副尉		

續表

品級	職官	文散官	武散官	勳	爵
從九品上	尚書、御史臺、秘書省、殿中省主事，奉禮郎、律學助教、弘文館校書、太史局司歷、太醫署醫助教，京兆、河南、太原府、九寺、少府、將作監錄事，都督、都護府、上州錄事市令，宮苑總監主簿、上中縣尉	文林郎	陪戎校尉		
從九品下	内侍省主事、國子監錄事、崇文館校書、書學博士、算學博士、門下典儀、太醫署按摩/祝禁博士、太卜署卜博士、太醫署針助教/醫正、太卜署卜正、太史局監候、掖庭局宮教博士、太官署監膳、太樂鼓吹署樂正、大理寺獄丞、中下州醫博士、中下縣尉、下關令、中關丞、諸衛羽林長上、諸津丞、諸折衝府隊副、諸率府左右執戟	將仕郎	陪戎副尉		

5. 兩宋職官

宋初，因唐三省六部制，仍以六部屬尚書省。爲弱化相權，以中書門下及樞密院分管文、武，並逐漸成爲全國政務中心。中書門下之長官稱同中書門下平章事，副官稱參知政事，掌全國行政事務；樞密院長官稱樞密使，副官稱樞密副使，掌全國軍事。以樞密院調兵，殿前司、侍衛馬軍司、侍衛步軍司訓兵，戰時別遣將軍統兵。地方官員皆由中央委任，稱"知某事"或"判某事"。每州除知州外，亦設通判爲副官。每有政令，須通判簽署後方生效。

又，宋代職官制度複雜，由差遣、本官階、散官階、勛官、爵位及貼職等組成。宋承唐制，朝廷的台、省、寺、監、院等機構皆官無定員、無專職，僅用作定品秩、俸祿、章服和序遷的根據，雖有官名而不任其職，非有特殊詔令無實際職掌，稱寄祿官，亦稱本官。另有差遣名義，分派官員主管各部門事務，地方長官亦由京朝官以差遣名義充任。貼職，即館職，如大學士、學士、待制等，爲文學侍從官，係虛職，無實際職掌。散官、勛官之用與唐同。爵凡十二等：王、嗣王、郡王、國公、郡公、開國公、開國郡公、開國縣公、開國侯、開國伯、開國子、開國男。封邑與實封往往不一。

宋朝職官簡表

官署	長官/副官	品秩	職掌	下屬機構
三師	太師	正一品	加官，無實際職掌	
	太傅	正一品		
	太保	正一品		
三公	太尉	正二品		
	司徒	正二品		
	司空	正二品		
門下省	侍中	正一品	佐議朝政，駁正違失	起居院、進奏院、登聞檢院
	門下侍郎	正二品		
	左散騎常侍	正三品		
中書省	中書令	正一品	草擬政令，宣奉詔敕，受拜高級官吏	舍人院，吏、戶、禮、兵、刑、工等房
	中書侍郎	正二品		
	右散騎常侍	正三品		

續表

官署	長官/副官	品秩	職掌	下屬機構
尚書省	尚書令	正一品	施行制命，考察百司	吏、户、禮、兵、刑、工六部
	尚書左右僕射	從一品		
	尚書左右丞	正四品		
樞密院	知樞密院事	正二品	軍國機務、邊防	承旨司
	同知樞密院事	正二品		
翰林學士院	翰林學士	正三品	詔令撰述	
吏部	吏部尚書	從二品	文武官吏銓選	司封、司勳、考功司，官告院
	吏部侍郎	從三品		
户部	户部尚書	從二品	土地、財賦、錢谷	度支、金部、倉部司
	户部侍郎	從三品		
禮部	禮部尚書	從二品	禮樂、祭祀、朝會	祠部、主客、膳部司
	禮部侍郎	從三品		
兵部	兵部尚書	從二品	兵甲、車輦、武選	職方、駕部、庫部司
	兵部侍郎	從三品		
刑部	刑部尚書	從二品	刑法、訴訟、奏讞	都官、比部、司門司
	刑部侍郎	從三品		
工部	工部尚書	從二品	宮室、印信、城郭	屯田、虞部、水部司，文思院
	工部侍郎	從三品		
御史臺	御史中丞	從三品	糾察百官	臺院、殿院、察院
秘書省	秘書監	正四品	圖書典籍、天文曆法、國史實錄	日曆所、太史局
	秘書少監	從五品		
殿中監	殿中監		天子飲食、醫藥、輿馬	御藥所、尚衣庫
	殿中少監			

四、文史

續表

官署	長官/副官	品秩	職掌	下屬機構
太常寺	太常卿	正四品	禮樂、郊廟、陵寢	太醫局、教坊
	太常少卿	從五品		
宗正寺	宗正卿	正四品	皇族宗派、屬籍、親疏	
	宗正少卿	從五品		
光祿寺	光祿卿	從四品	祭祀、朝會、宴享	內酒坊、翰林司、牛羊司、乳酪院
	光祿少卿	正六品		
衛尉寺	衛尉卿	從四品	兵器甲冑	儀鸞司、左右金吾街杖司
	衛尉少卿	正六品		
太僕寺	太僕卿	從四品	輿乘厩牧	車輅院、騏驥院、群牧司
	太僕少卿	正六品		
大理寺	大理卿	從四品	各地方案件奏斷	左、右寺
	大理少卿	正六品		
鴻臚寺	鴻臚卿	從四品	四方朝貢、宴請、迎送	往來國信所、都亭西驛、禮賓院、寺務司、傳法院、僧錄司
	鴻臚少卿	正六品		
司農寺	司農卿	從四品	倉儲、出納	草場、排岸司、下卸司、都麴院
	司農少卿	正六品		
太府寺	太府卿	從四品	財貨、商稅、貿易	左藏庫、內藏庫、糧料院、審計司、都商稅務、市易司
	太傅少卿	正六品		
國子監	國子祭酒	從四品	學校之政令	國子學、太學、武學
	國子司業	正六品		
少府監	少府監	從四品	百工之政令	綾錦院、染院、裁造院
	少府少監	從六品		

續表

官署	長官/副官	品秩	職掌	下屬機構
將作監	將作監	從四品	城郭、宮室、橋梁之營繕	修內司、八作司、事材場、丹粉所、竹木務
	將作少監	從六品		
軍器監	軍器監	正六品	兵器甲冑之營繕	東西作坊、作坊物料庫、皮角場
	軍器少監	從六品		
都水監	都水使者	正六品	川澤津要之通浚	街道司
殿前司	都指揮使	從二品	殿前軍馬名籍	
	副都指揮使	正四品		
侍衛馬軍司	都指揮使	正五品	馬軍之名籍	
	副都指揮使	正五品		
侍衛步軍司	都指揮使	正五品	步軍之名籍	
	副都指揮使	正五品		
安撫司	安撫使		掌一路之軍政、民政，係臨時設置，常以知府或知州兼任	
轉運使司	轉運使		巡查境內、稽考簿記、舉劾官吏，後掌一省之全政	
提點刑獄司	提點刑獄公事		掌察訪本路刑獄、審問囚徒、檢覆案牘、刺舉官吏	
提舉常平司	提舉常平使		掌本路常平義倉、免役、市易、坊場、河渡、水利等	

四、文史

續表

官署	長官/副官	品秩	職掌	下屬機構
府	權知府事		掌一府之全政	簽判、推判、幕職、六曹參軍、巡檢、教授
	通判府軍事			
州	權知州事		掌一州之全政	
	通判州軍事			
軍	權知軍事/軍使		掌一軍之全政	
監	權知監事/監使		掌一監之全政	
縣	知縣		掌一縣之全政	
	縣丞			

5. 明朝職官

明初，因元官制，官分九品十八級，以外皆歸于不入流。作三省六部。胡惟庸案後，廢三省，天子直統六部。永樂間簡有學者充任大學士，預機務；仁宣間三楊任事，內閣權漸重。嘉靖以後，內閣權在六部上。地方則省設布政使以治民政，按察使以治刑政，都指揮使以治軍政，稱三司。三司互不統屬，同向中央負責。府設知府、同知、通判等官；州設知州、同知、通判等官；縣設知縣、縣丞、主簿等官。軍事則設十六都司，其下有衛所。除十三省外，尚有大寧、遼東、萬全三都司。各都指揮使由五軍都督府與兵部共同選派。

明以三公、三孤、太子三公、太子三少爲榮譽加銜，無實職；並設文散官九品十八級四十三階，武散官九品十八級三十階。與唐散官實授不同，明代官員級別和待遇依實際所授職官品級，散官僅存名號。又，明代勛階文武分列，其中文勛十階，武勛十二階。明行三等爵制，廢子、男二爵不立，僅存公、侯、伯三爵。非軍功不封爵。又有王爵，非宗室不封王。天子之子除太子外封親王，一字，稱某王；親王之子除世子外封郡王，二字，稱某某王。等曰：親王、郡王、鎮國將軍、輔國將軍、奉國將軍、鎮國中尉、輔國中尉、奉國中尉。除嫡長子嗣位外，餘者依親疏之等遞減；郡王六世以下俱奉國中尉，不再降等，永不納入編氓。

永樂北遷後，南京以留都尚存一套完整的政府中樞機構，設六部、都察院、通政司、五軍都督府、翰林院、國子監等機構，官員之級別、職責與京師相同，惟常設人數較少，其所負責之地域亦僅限南直隸周邊。

明朝職官簡表

官署	長官/副官	品秩	職掌	下屬機構
三公	太師	正一品	加官，無實際職掌	
	太傅	正一品		
	太保	正一品		
三孤	少師	從一品		
	少傅	從一品		
	少保	從一品		
太子三師	太子太師	從一品		
	太子太傅	從一品		
	太子太保	從一品		
太子三少	太子少師	正二品		
	太子少傅	正二品		
	太子少保	正二品		

續表

官署	長官/副官	品秩	職掌	下屬機構
内閣	中極殿大學士	正五品	票擬決策，天子之命通過内閣向下傳達	
	建極殿大學士	正五品		
	文華殿大學士	正五品		
	武英殿大學士	正五品		
	文淵閣大學士	正五品		
	東閣大學士	正五品		
吏部	吏部尚書	正二品	文武官吏銓選	文選、驗封、稽勛、考功清吏司
	吏部左右侍郎	正三品		
户部	户部尚書	正二品	土地、財賦、錢谷	浙江、江西、湖廣、陝西、廣東、山東、福建、河南、山西、四川、廣西、貴州、雲南清吏司
	户部左右侍郎	正三品		
禮部	禮部尚書	正二品	禮樂、祭祀、朝會	儀制、祀祭、主客、精膳清吏司
	禮部左右侍郎	正三品		
兵部	兵部尚書	正二品	兵甲、車輦、武選	武選、職方、車駕、武庫清吏司
	兵部左右侍郎	正三品		
刑部	刑部尚書	正二品	刑法、訴訟、奏讞	浙江、江西、湖廣、陝西、廣東、山東、福建、河南、山西、四川、廣西、貴州、雲南清吏司
	刑部左右侍郎	正三品		

續表

官署	長官/副官	品秩	職掌	下屬機構
工部	工部尚書	正二品	宮室、印信、城郭	營繕、虞衡、都水、屯田清吏司
	工部左右侍郎	正三品		
都察院	左右都御史	正二品	糾劾百司，辨明冤枉，提督各道	經歷司、司務廳、照磨所、司獄司
	左右副都御史	正三品		
	左右僉都御史	正四品		
通政使司	通政使	正三品	掌內外章疏敷奏封駁之事	經歷司
	左右通政	正四品		
大理寺	大理卿	正三品	審讞，平反刑獄之政令	左、右寺
	大理左右少卿	正四品		
翰林院	翰林學士	正五品	掌制誥、史冊、文翰、講讀經史、修撰國史	
	侍讀學士	從五品		
	侍講學士	從五品		
國子監	國子祭酒	從四品	掌全國教令	繩愆廳、博士廳、典簿廳、典籍廳、掌饌廳、率性堂、修道堂、誠心堂、正義堂、崇志堂、廣業堂
	國子司業	正六品		

四、文史

續表

官署	長官/副官	品秩	職掌	下屬機構
吏科	都給事中	正七品	掌侍從、規諫、補闕、拾遺、稽察六部百司之事	
	左右給事中	從七品		
戶科	都給事中	正七品		
	左右給事中	從七品		
禮科	都給事中	正七品		
	左右給事中	從七品		
兵科	都給事中	正七品		
	左右給事中	從七品		
刑科	都給事中	正七品		
	左右給事中	從七品		
工科	都給事中	正七品		
	左右給事中	從七品		
太常寺	太常寺卿	正三品	禮樂、郊廟、陵寢	典簿廳，天壇、地壇、朝日壇、夕月壇、先農壇、帝王廟、祈穀殿、長陵、獻陵、茂陵、泰陵、顯陵、康陵、昭陵各祠祭署，犧牲所，提督四夷館
	太常寺少卿	正四品		
光祿寺	光祿寺卿	從三品	祭祀、朝會、宴享	典簿廳，大官、珍羞、良醞、掌醢四署，司牲司，司牧局，銀庫
	光祿寺少卿	正五品		

續表

官署	長官/副官	品秩	職掌	下屬機構
太僕寺	太僕寺卿	從三品	輿乘廄牧	主簿廳、常盈庫、牧監、太僕寺群
	太僕寺少卿	正四品		
鴻臚寺	鴻臚寺卿	正四品	四方朝貢、宴請、迎送	主簿廳、司儀署、司賓署、尚寶司
	鴻臚寺少卿	從五品		
詹事府	詹事	正三品	藏古今圖籍，教導太子	左右春坊、司經局、主簿廳
	少詹事	正四品		
太醫院	院使	正五品	管理宮廷及貴族診斷、製藥	
	院判	正六品		
承宣布政使司	左右布政使	從二品	掌一省之民政	經歷司、司獄司、照磨所、理問所、雜造局、軍器局、寶泉局、織染局
	左右參政	從三品		
提刑按察使司	按察使	正三品	掌一省之刑政	經歷司、司獄司、照磨所
	按察副使	正四品		
府	知府	正四品	掌一府之全政	經歷司、司獄司、照磨所
	同知	正五品		
州	知州	從五品	掌一州之全政	
	同知	從六品		
縣	知縣	正七品	掌一縣之全政	
	縣丞	正八品		
五軍都督府	左右都督	正一品	領軍作戰、總攝屯田、掌管軍籍、推薦將領	各都司、衛所
	都督同知	從一品		
都指揮使司	都指揮使	正二品	掌一省之軍政	經歷司、司獄司、斷事司
	都指揮同知	正三品		

四、文史

續表

官署	長官/副官	品秩	職掌	下屬機構
衛指揮使司	指揮使	正三品	掌一衛之軍政	鎮撫司、經歷司
	指揮同知	從三品		
千户所	正千户	正五品	掌一所之軍政	
	副千户	從五品		

五、經傳

鄭伯克段于鄢[①]

【題解】

鄭伯克段于鄢作爲古代文選名篇，此前主要選錄左傳文，具有比較強的故事性。此次將春秋三傳文（即公羊傳、穀梁傳和左氏傳，其中左氏傳習慣稱爲左傳）一起選錄，並附於該條經文之下，借此顯示經傳文之間的整體關係，及對比各傳之間的義理特色。春秋作爲儒家"六經"之一，乃孔子刪定魯國國史而作。春秋經文十分簡略，後世相繼出現多種解釋經文的傳書，其中流傳下來最具代表性的有公羊、穀梁和左氏三家。

通過本篇，可以初步了解春秋三傳各自的書寫體例，以及相互之間在解釋和評判上的異同。就本篇鄭伯克段一事而言，三傳對鄭伯及其弟段皆有批評，其中又略有差異。批評段失其弟之道皆同，批評鄭伯則措辭上有差異。公羊以爲"大鄭伯之惡"，措辭最嚴；左氏以爲"譏失教"，措辭最輕；穀梁以爲"甚鄭伯之處心積慮"，措辭居中。但同樣的批評，理由又不盡相同。公羊基於其特有的"當國"與否之體例，重在政治層面；穀梁和左氏基於兄弟之倫，重在倫理層面。左氏詳細交代事件的前因後果，

[①] 本文左傳部分內容點校參考洪亮吉春秋左傳詁，北京：中華書局，1987年，第184—188頁。公羊和穀梁部分內容自行點校。

大大增加了文本的可讀性，却不免大大衝淡了義理上的分明。如最後渲染鄭伯與其母武姜其樂融融的局面，結局固然引人入勝，但對鄭伯失教之譏，讀者恐怕早就忘在九霄雲外了。可見一味獲得故事的生動性，有時也有代價，讀者不可不知。

夏，五月，鄭伯①克段②于鄢③。（隱公元年）

【公羊】克之者何④？殺之也。殺之，則曷爲謂之克⑤？大⑥鄭伯之惡也。曷爲大鄭伯之惡？母欲立之⑦，已殺之，如勿與而已矣⑧。段者何？鄭伯之弟也。何以不稱弟⑨？當國⑩也。其地何⑪？當國也。齊人殺無知，何以不地⑫？在內⑬也。在內，雖當國不地也。不當國，雖在外亦不地也⑭。

---

① 鄭伯：鄭莊公，姬姓，鄭氏，名寤生，鄭國第三代君主。
② 段：鄭莊公的同母弟，姬姓，名段。
③ 鄢：地名。
④ 克之者何：公羊傳行文體例，自問自答。克之者何，猶言克之是何意？
⑤ 曷爲謂之克：克的本意爲"能"，此處意爲，"殺"爲何要稱"克"呢。
⑥ 大：放大之意。
⑦ 母欲立之：母即鄭莊公與其弟段的母親武姜，武姜一直想立段繼君位。
⑧ 如勿與而已矣：意爲鄭莊公可以不依母親意願讓君位與段，却不該殺段。
⑨ 不稱弟：公羊傳認爲經文中未書寫"鄭伯克弟段于鄢"，是不視段爲弟的表現。
⑩ 當國：何休注"欲當國爲之君"，即有篡國奪君之意。
⑪ 其地何：指經文中爲何將地點"鄢"書寫出來。
⑫ "齊人"至"不地"：根據經文於莊公九年書"齊人殺無知"，公孫無知亦篡國奪君，被齊人殺死，爲何不書地點呢。
⑬ 在內：指在國內。何休注："其當國者，殺于國內，禍已絶，故亦不地。"即殺于國內則不書地點。
⑭ "不當"至"地也"：大意爲，若非篡國奪君，則禍害較輕，雖殺于國外亦不書寫地點。何休注："明當國者，在外乃地爾，爲其將交連鄰國，復爲內難，故錄其地，明當急誅之。不當國，雖在外，禍輕，故不地也。"

【穀梁】克者何①？能也。何能也？能殺也。何以不言殺？見段之有徒衆也②。段，鄭伯弟也。何以知其爲弟也③？殺世子、母弟目君④。以其目君，知其爲弟也。段，弟也，而弗謂弟；公子也，而弗謂公子，貶之也⑤。段失子弟之道矣，賤段而甚鄭伯⑥也。何甚乎鄭伯？甚鄭伯之處心積慮，成于殺⑦也。于鄢，遠也，猶曰取之其母之懷中而殺之云爾⑧，甚之也。然則爲鄭伯者，宜奈何⑨？緩追逸賊⑩，親親之道也。

【左氏】初⑪，鄭武公⑫娶于申⑬，曰武姜，生莊公及共叔段⑭。莊公寤生⑮，驚姜氏，故名曰"寤生"，遂惡之。愛共叔

① 克者何：穀梁傳行文體例，亦自問自答。克者何，猶言克是何意。
② 見段之有徒衆也：表明段的叛亂勢力很強大。徒衆，猶言黨羽衆多。
③ 何以知其爲弟也：按穀梁傳意，段作爲鄭伯的弟弟，是按經文的書寫體例推斷出來的。體例即後文的"殺世子、母弟目君"。
④ "殺世"至"目君"：穀梁傳以爲，經文書寫中，凡殺同母弟的世子，要書寫君的爵號，比如此處稱"鄭伯"。反過來，由稱"鄭伯"可知段爲同母弟的世子。
⑤ "段弟"至"之也"：大意爲，段作爲弟弟，經文書寫却不稱弟，作爲公子却不稱公子，這是在貶斥段。
⑥ 賤段而甚鄭伯：段作爲子弟而失子弟之道，鄭伯作爲兄長亦失兄長之道，對段和鄭伯都有譴責。甚，猶公羊傳云"大鄭伯之惡"之"大"，表示很過分。
⑦ 成于殺：促成最終將段殺死，以絕後患。
⑧ "猶曰"至"云爾"：母之懷言關係極親近，鄢地則言距離極遠。經文將鄢地書寫出來是想表明，對於來自母親懷抱的親人，却要追殺如此遙遠也不放過。
⑨ 宜奈何：猶言如何作爲才適宜呢。
⑩ 緩追逸賊：指對于淪爲賊人而逃亡在外的親人，不忍趕盡殺絕而追捕没有那麼迫切。
⑪ 初：當初。左傳回述事情的起因。
⑫ 鄭武公：鄭莊公及段的父親。姬姓，鄭氏，名掘突，鄭國第二代君主。
⑬ 娶于申：從申國娶妻。申，國名，姜姓，今河南南陽境地。
⑭ 共（gōng）叔段：段排行小，故稱叔段。兵敗後逃往共國，故稱共叔段。
⑮ 寤（wù）生：杜預以爲睡着時生産，或以爲難産的一種。

段,欲立之①。亟請於武公,公弗許。及莊公即位,爲之請制②。公曰:"制,巖邑③也,虢叔死焉④。佗邑唯命⑤。"請京⑥,使居之,謂之京城大叔⑦。祭仲⑧曰:"都城過百雉⑨,國之害也。先王之制,大都不過參國之一⑩,中五之一⑪,小九之一⑫。今京不度,非制也⑬,君將不堪。"公曰:"姜氏欲之,焉辟害⑭?"對曰:"姜氏何厭之有?不如早爲之所⑮,無使滋蔓⑯。蔓,難圖也。蔓草猶不可除,況君之寵弟乎⑰?"公曰:"多行不義,必自斃。子姑待之。"既而大叔命西鄙、北鄙貳于己⑱。公子呂⑲曰:

---

① 欲立之:想立爲太子。
② 制:鄭邑虎牢,今河南滎陽境內。
③ 巖邑:險要之地。
④ 虢(guó)叔死焉:虢叔,指東虢國國君。杜預謂其"恃制巖險而不修德,鄭滅之",死于此地。
⑤ 佗邑惟命:佗,同"他"。指除了制地之外的其他地方,惟命是從。
⑥ 京:鄭邑名,今河南滎陽境內。
⑦ 京城大(tài)叔:稱段爲京城太叔,杜預以爲指"寵異于衆臣"。
⑧ 祭(zhài)仲:鄭國大夫。
⑨ 都城過百雉(zhì):國都城牆超過百雉。杜預注:"方丈曰堵,三堵曰雉。一雉之牆,長三丈,高一丈。"
⑩ 大都不過參(sān)國之一:大城城牆不超過國都城牆的三分之一。
⑪ 中五之一:中城不超過五分之一。
⑫ 小九之一:小城不超過九分之一。
⑬ 不度,非制也:不合法度,非先王之制。
⑭ 焉辟害:意爲哪能避免得了禍害。
⑮ 爲之所:安排更合適的地方。杜預注:"使得其所宜。"
⑯ 滋蔓:滋長蔓延。
⑰ 況君之寵弟乎:以草的滋長蔓延爲喻,段的勢力一旦壯大就難以控制。孔穎達疏:"此以草喻也。草之滋長引蔓,則難可芟除,喻段之威勢稍大,難可圖謀也。"
⑱ 命西鄙北鄙貳于己:鄙:鄭國邊邑。貳:兩屬。意爲西鄙北鄙兩邑除了隸屬于鄭莊公,如今又臣屬于段。
⑲ 公子呂:鄭國大夫。

"國不堪貳①，君將若之何？欲與大叔，臣請事之②；若弗與，則請除之，無生民心③。"公曰："無庸，將自及④。"大叔又收貳以爲己邑⑤，至于廩延⑥。子封⑦曰："可矣，厚將得衆⑧。"公曰："不義，不暱。厚將崩⑨。"大叔完聚⑩，繕甲兵⑪，具卒乘⑫，將襲⑬鄭，夫人將啓之⑭。公聞其期⑮，曰："可矣。"命子封帥車二百乘⑯以伐京。京叛大叔段。段入于鄢。公伐諸鄢⑰。五月辛丑，大叔出奔共⑱。書⑲曰："鄭伯克段于鄢。"段不弟，故不言弟。

五、經傳

---

① 國不堪貳：貳指雙倍賦役，國人難以承受。孔穎達疏："兩屬，則賦役倍；賦役倍，則國人不堪也。"
② 事之：指改而事奉段。
③ 無生民心：意爲不使民生二心。杜預注："叔久不除，則舉國之民當生他心。"
④ 無庸將自及：指自取其禍。杜預注："言無用除之，禍將自及。"
⑤ 收貳以爲己邑：將之前兩屬之邑完全據爲己有。
⑥ 廩（lǐn）延：鄭國邑名，今河南延津境内。
⑦ 子封：公子吕。
⑧ 厚將得衆：指土地廣大之後將有更多的百姓附逆。
⑨ 不義，不暱（nì）。厚將崩：暱，親近。猶言段不忠不孝，不會得到百姓的擁戴。杜預注："不義于君，不親于兄，非衆所附，雖厚必崩。"
⑩ 完聚：指修治城郭，聚集百姓。
⑪ 繕甲兵：繕，修整。甲，鎧甲。兵，兵器。
⑫ 具卒乘（shèng）：具，準備。卒，步兵。乘，戰車。杜預注："步曰卒，車曰乘。"
⑬ 襲：偷襲。杜預注："輕行掩其不備曰襲。"
⑭ 夫人將啓之：啓，打開。指武姜將要打開城門爲共叔段作内應。
⑮ 公聞其期：指莊公事先得知偷襲的日期。
⑯ 帥車二百乘：率領二百輛戰車。杜預注："古者兵車一乘，甲士三人，步卒七十二人。"
⑰ 公伐諸鄢：指京地百姓叛逃離散後，太叔段逃到鄢邑，莊公一路討伐到此地。
⑱ 出奔共：指太叔段出逃至共國避難。
⑲ 書：指春秋經文。杜預注："傳言夫子作春秋，改舊史以明義。"

如二君，故曰"克"①。稱"鄭伯"，譏失教也②。謂之鄭志，不言出奔，難之也③。遂寘④姜氏于城潁⑤，而誓之曰："不及黃泉⑥，無相見也。"既而悔之。潁考叔⑦爲潁谷封人⑧，聞之，有獻于公。公賜之食，食舍肉。公問之，對曰："小人有母，皆嘗小人之食矣。未嘗君之羹，請以遺之⑨。"公曰："爾有母遺，繄⑩我獨無。"潁考叔曰："敢問何謂也⑪？"公語之故，且告之悔。對曰："君何患焉？若闕⑫地及泉，隧而相見⑬，其誰曰不然⑭？"公從之。公入而賦⑮："大隧之中，其樂也融融！"姜出而賦："大隧之外，其樂也洩洩⑯！"遂爲母子如初。君子曰："潁

---

① "如二"至"曰克"：指莊公與段如同兩個國君一樣引發戰爭，故用"克"表示戰勝。孔穎達疏："謂實非二君，俊傑彊盛如是二君，伐而勝之然後稱'克'，非謂真是二君也。"
② 稱鄭伯譏失教也：稱莊公爲"鄭伯"，是譏諷他對弟段的失教。杜預注："不早爲之所，而養成其惡，故曰'失教'。"
③ "謂之"至"之也"：指鄭莊公志在殺弟段，故經文不書出奔一事，以示譴責。
④ 寘："置"。意爲放逐。
⑤ 城潁：鄭國地名。
⑥ 黃泉：地下的泉水，指死後。
⑦ 潁考叔：鄭國大夫。
⑧ 封人：掌管邊界的人。孔穎達疏："蓋封人職典封疆，居在邊邑。"
⑨ 請以遺（wèi）之：遺，贈送。潁考叔故意將肉留在一邊不吃，説是要回去送給自己的母親。杜預注："食而不啜羹，欲以發問也。"
⑩ 繄（yī）：句首語助詞。
⑪ 敢問何謂也：指莊公有母親武姜，何故出此言。杜預注："據武姜在，設疑也。"
⑫ 闕：即"掘"。
⑬ 隧而相見：隧，隧道。指挖出地下通道而相見。
⑭ 其誰曰不然：意思是這樣做，沒有誰會覺得有違誓言。
⑮ 賦：賦詩。孔穎達疏："賦詩謂自作詩也。"
⑯ 洩（yì）洩：指心情舒暢。杜預注："舒散也。"中與融、外與洩，上古各自爲韻。

考叔,純孝也。愛其母,施①及莊公。詩曰:'孝子不匱,永錫爾類。'② 其是之謂乎!"

課後習題

第一,總結公羊、穀梁和左氏三家書寫體例的特點。

第二,以本篇内容爲例,對比公羊、穀梁和左氏三家的義理特色,並談談你的看法。

延伸閱讀

孔父正色,春秋桓公二年。

仇牧不畏强禦,春秋莊公十二年。

泓水之戰,春秋僖公二十二年。

---

① 施:猶言延及。
② "孝子"至"爾類":匱,竭、盡。錫,即賜,給予。類,族類。孔穎達疏:"言孝子爲孝不有竭極之時,故能以此孝道長賜予女之族類。"

禮記 樂記（節錄）*

【題解】

古之六經詩、書、禮、樂、易、春秋中，惟樂經惜已亡佚。禮陰樂陽、禮序樂和，一向並舉，但在如今，禮教尚有經籍制度可考，樂教却幾乎只能從典籍的隻言片語中，想見上古之盛。禮記的樂記篇，是今存最早也最全面的論樂專文，作者不詳。本篇節録了其中討論樂之起源、禮樂關係、樂教的部分。

凡音之起，由人心生也；人心之動，物使之然也。感于物而動，故形于聲。聲相應，故生變，變成方，謂之音。① 比②音而樂之，及干戚③、羽旄④，謂之樂。樂者，音之所由生也，其本在人心之感于物也。是故其哀心感者，其聲噍以殺⑤；其樂心感者，其聲嘽以緩⑥；其喜心感者，其聲發以散；其怒心感者，其

---

* 本文節録自禮記正義中册，上海：上海古籍出版社，2008年，第1455—1456、1470—1471、1477—1478、1482—1507、1552—1556頁。
① "聲相"至"之音"：單聲同聲相應不足爲音，故需變化，不同的聲錯雜成章，方爲音。方，如文章。
② 比：排布。
③ 干戚：盾、斧，武舞所執器具。
④ 羽旄：雉羽、牦牛尾，文舞所執器具。
⑤ 噍（jiào）以殺：蹙迫而壓抑。以，連詞，而。
⑥ 嘽（chǎn）以緩：寬綽而舒緩。

聲粗以厲；其敬心感者，其聲直以廉①；其愛心感者，其聲和以柔。六者非性也，感于物而後動。是故先王慎所以感之者。故禮以道其志，樂以和其聲，政以一其行，刑以防其姦。禮、樂、刑、政，其極②一也，所以同民心而出治道也。

……

樂者爲同，禮者爲異。同則相親，異則相敬。樂勝則流③，禮勝則離④。合情飾貌者，禮樂之事也。禮義立，則貴賤等⑤矣；樂文同，則上下和矣；好惡著⑥，則賢不肖別矣。刑禁暴、爵舉賢，則政均⑦矣。仁以愛之，義以正之。如此，則民治行矣。……

樂者，天地之和也；禮者，天地之序也。和，故百物皆化⑧；序，故群物皆別。樂由天作，禮以地制⑨。過制則亂⑩，過作則暴⑪，明于天地，然後能興禮樂也。論倫無患⑫，樂之情也；欣喜歡愛，樂之官⑬也。中正無邪，禮之質也；莊敬恭順，禮之

---

① 直以廉：直遂而方正。廉，廉隅，有棱角。
② 極：至。
③ 流：樂使人情意趨同而相親密，太過，則流濫而無別。
④ 離：禮使人各止其位而相尊敬，太過，則離析而不親。
⑤ 等：有等次。
⑥ 好惡著：好善惡惡顯然明白。
⑦ 均：均平。
⑧ 化：生。
⑨ 樂由天作，禮以地制：作樂主于宣暢，效法天之始物，各遂其生；制禮主于節制，效法地之成物，各止其所。
⑩ 亂：制禮過而離，則節制太甚，暌隔故亂。
⑪ 暴：作樂過而流，則宣暢太甚，放濫故暴。
⑫ 論倫無患：孫希旦集解云，"其心之和順足以論説樂之倫理，而不相悖害也"。
⑬ 官：事。

制也。若夫禮樂之施于金石①，越②于聲音，用于宗廟社稷，事乎山川鬼神，則此所與民同也。……

天高地下，萬物散殊，而禮制行矣。流而不息，合同而化，而樂興焉。③ 春作夏長，仁也；秋斂冬藏，義也。仁近于樂，義近于禮。樂者敦和，率神而從天；禮者別宜，居鬼而從地。故聖人作樂以應天，制禮以配地。禮樂明備，天地官④矣。……

德者，性之端⑤也；樂者，德之華⑥也。金、石、絲、竹⑦，樂之器也。詩言其志也，歌詠其聲也，舞動其容也。三者本于心，然後樂氣從之。是故情深而文明，氣盛而化神⑧。和順積中而英華發外，唯樂不可以為偽。……

君子曰："禮樂不可斯須⑨去身。"致樂以治心，則易直子諒⑩之心油然生矣。易直子諒之心生則樂，樂則安，安則久，久則天⑪，天則神⑫。天則不言而信，神則不怒而威，致樂以治心

---

① 金石：金鐘石磬，泛指樂器。
② 越：揚。
③ "天地"至"興焉"：天地定位，萬物分散不同，必有前後大小高低長短自然之序，此即禮制行于其中。氣化流行無止息，萬物並生並育，必有鳶飛魚躍春華秋實華自然之和，此即樂之所起。
④ 官：事，各行其事，各得其職。
⑤ 端：端緒。
⑥ 華：所彰光華。
⑦ 絲竹：絲，琴瑟。竹，笛簫，與金鐘石磬都是泛指樂器。
⑧ "情深"至"化神"：孔穎達正義曰，"志起于內，思慮深遠，是'情深'也；言之于外，情由言顯，是'文明'也"，"志意蘊積于中，故氣盛。內志既盛，則外感動于物，故變化神通也"。
⑨ 斯須：頃刻。
⑩ 易直子諒：和易、正直、慈愛、誠信。
⑪ 天：自然。
⑫ 神：神妙無迹。

者也。致禮以治躬則莊敬，莊敬則嚴威①。心中斯須不和不樂，而鄙詐之心入之矣。外貌斯須不莊不敬，而易慢之心入之矣。故樂也者，動于內者也；禮也者，動于外者也。樂極和，禮極順，內和而外順，則民瞻其顏色而弗與爭也；望其容貌，而民不生易慢焉。故德煇②動于內而民莫不承聽；理發諸外而民莫不承順。故曰："致禮樂之道，舉而錯③之天下，無難矣。"

樂也者，動于內者也；禮也者，動于外者也。故禮主其減，樂主其盈。禮減而進，以進爲文；樂盈而反，以反爲文。④ 禮減而不進則銷⑤，樂盈而不反則放⑥；故禮有報⑦而樂有反。禮得其報則樂，樂得其反則安；禮之報，樂之反，其義一也。……

課後習題

一、禮樂關係如何？

二、爲什麽要有樂教？我們如何以樂來自我陶鑄？

---

① 嚴威：嚴肅有威儀。
② 煇：光。
③ 錯：通"措"，施。
④ "禮減"至"爲文"：禮摶節嚴肅，容易厭倦，故需勉力而爲，以勉强力行爲善。樂宣暢和樂，容易沉溺，故需有所裁抑，以約束自制爲善。
⑤ 銷：銷鑠不行。
⑥ 放：放濫不返。
⑦ 報：音"褒"，即進。

延伸閱讀

帝曰:"夔,命汝典樂,教胄子:直而溫,寬而栗,剛而無虐,簡而無傲。詩言志,歌永言,聲依永,律和聲。八音克諧,無相奪倫,神人以和。"夔曰:"於!予擊石拊石,百獸率舞。"①

---

① 本篇節錄自尚書舜典。

禮記 儒行（節錄）*

【題解】

儒行，出自儒家經典禮記，共計十七章，通過孔子和魯哀公的問答，從不同方面描述了儒者的面貌，分別有自立、容貌、備豫、剛毅、任舉等等。自唐宋疑古惑經思潮以來，學者對儒行篇的作者和內容產生了質疑，認爲其"有誇大勝人之氣，少雍容深厚之風"。不過，儒行對于理解儒者以及儒家的精神志趣仍然具有重要意義。

魯哀公①問于孔子曰："夫子之服，其儒服與②？"孔子對曰："丘少③居魯，衣逢掖④之衣，長居宋，冠章甫⑤之冠。丘聞之也：君子之學也博，其服也鄉⑥；丘不知儒服。"

---

* 本文節錄自禮記正義下册，上海：上海古籍出版社，2008年，第2215–2236頁。
① 魯哀公：春秋時期魯國第二十六任君主，公元前494—前468年在位。
② 與（yú）：同"歟"，助詞，表示疑問、感嘆、反詰等。
③ 少（shào）：小時候。
④ 逢掖（yè）：寬大的衣袖。
⑤ 章甫：一種古代禮冠，以黑布製成。始于殷代，殷亡後存于宋，爲讀書人所戴的帽子。
⑥ 鄉：鄉村、故鄉，意指入鄉隨俗。

哀公曰："敢問儒行。"孔子對曰："遽①數之不能終其物，悉數之乃留，更僕②未可終也。"

哀公命席③。孔子侍④曰："儒有席上之珍以待聘，夙夜強學以待問，懷忠信以待舉，力行以待取，其自立有如此者。

儒有衣冠中⑤，動作慎，其大讓如慢⑥，小讓如偽⑦，大則如威，小則如愧，其難進而易退也，粥粥⑧若無能也。其容貌有如此者。

儒有居處齊難⑨，其坐起恭敬，言必先信，行必中正，道塗不爭險易之利，冬夏不爭陰陽之和，愛其死⑩以有待也，養其身以有為也。其備豫⑪有如此者。

儒有不寶金玉，而忠信以為寶；不祈土地，立義以為土地；不祈多積，多文以為富。難得而易祿也，易祿而難畜也，非時不見，不亦難得乎？非義不合，不亦難畜乎？先勞而後祿，不亦易祿乎？其近人有如此者。

儒有委之以貨財，淹⑫之以樂好，見利不虧其義；劫之以

---

① 遽（jù）：倉猝。
② 更（gēng）僕：更換僕人。
③ 命席：下令安排座位。
④ 侍：侍坐。
⑤ 中：恰當、合適。
⑥ 慢：傲慢。
⑦ 偽：虛偽。
⑧ 粥粥：柔弱無能貌。
⑨ 齊難：莊敬。
⑩ 愛其死：惜其死，即珍愛生命。
⑪ 備豫：準備、防備。
⑫ 淹：浸漬。

衆，沮之以兵，見死不更其守；鷙蟲①攫搏②不程③勇者，引重鼎不程其力；往者不悔，來者不豫；過言不再，流言不極④；不斷其威，不習其謀。其特立有如此者。

儒有可親而不可劫⑤也；可近而不可迫也；可殺而不可辱也。其居處不淫⑥，其飲食不溽⑦；其過失可微辨而不可面數⑧也。其剛毅有如此者。

儒有忠信以爲甲胄，禮義以爲幹櫓⑨；戴⑩仁而行，抱義而處，雖有暴政，不更其所。其自立有如此者。……

溫良者，仁之本也；敬慎者，仁之地也；寬裕者，仁之作也；孫接⑪者，仁之能也；禮節者，仁之貌也；言談者，仁之文也；歌樂者，仁之和也；分散⑫者，仁之施也；儒皆兼此而有之，猶且不敢言仁也。其尊讓有如此者。

儒有不隕獲⑬于貧賤，不充詘⑭于富貴，不慁⑮君王，不累⑯

---

① 鷙（zhì）蟲：兇猛的鳥獸。
② 攫（jué）搏：鳥獸以爪翅獵物。
③ 程：衡量，權衡。
④ 極：深探，窮究。
⑤ 劫：威逼，脅制。
⑥ 淫：放縱，沉溺。
⑦ 溽（rù）：味道濃厚的美味。
⑧ 面數：當面數落。
⑨ 幹櫓：小盾大盾，亦泛指武器。
⑩ 戴：敬奉，尊奉。
⑪ 孫接：以謙遜的言辭和態度待人接物。
⑫ 分散：施與。
⑬ 隕（yǔn）獲：困迫失志，憂悶不安。
⑭ 充詘（qū）：得意忘形貌。
⑮ 慁（hùn）：玷辱。
⑯ 累：束縛。

長上，不閔①有司②，故曰儒。今衆人之命儒也妄，常以儒相詬病。"

孔子至舍，哀公館之，聞此言也，言加信，行加義："終没吾世，不敢以儒爲戲。"

課後習題

一、請簡述儒行中儒者的形象。

二、在你認識和了解到的人物形象中，是否有能被稱爲儒者的人？原因是什麼？

延伸閲讀

論語鄕黨。

---

① 閔：責備。
② 有司：官員。職有專司，故稱有司。

詩大序

【題解】

詩傳至漢，今文爲齊、魯、韓三家，古文則有大毛公毛亨作毛詩詁訓傳，授其侄小毛公毛萇，後經鄭康成箋，孔穎達疏，爲今日之毛詩注疏。毛詩詁訓傳在詩每篇篇題之後均有序概述其作意，而在第一篇關雎序後，更有一段文字總述詩旨，後世稱爲毛詩序，或與篇題小序相分，稱詩大序。然作者不詳，或曰子夏，或曰衛宏，或以爲係先秦至漢傳詩儒者接續撰改而成。

此序述詩之源起，並討論了詩與政教之關係及其"六義"。

詩者，志之所之①也。在心爲志，發言爲詩。② 情動于中，而形③于言。言之不足，故嗟嘆之。嗟嘆之不足，故永④歌之。永歌之不足，不知手之舞之，足之蹈之也。

情發於聲，聲成文⑤謂之音。治世之音安以樂，其政和；亂

---

* 本文選自朱子詩集傳上冊，北京：中華書局，2017年，第5—7頁。
① 志之所之：志所呈露。後"之"，出、往。
② 在心爲志，發言爲詩：這是形訓。志之構字，從之，從心。詩之構字，從言，從之，從寸。
③ 形：見。
④ 永：長。
⑤ 成文：朱子詩傳綱領曰，"謂其清濁高下，疾徐疏數之節，相應而和也"。

世之音怨以怒，其政乖①；亡國之音哀以思，其民困。故正得失，動天地，感鬼神，莫近于詩。先王②以是經③夫婦，成孝敬，厚人倫，美教化，移風俗。

故詩有六義焉：一曰風，二曰賦，三曰比，四曰興，五曰雅，六曰頌。④ 上以風化下，下以風刺上，主文而譎諫，言之者無罪，聞之者足以戒，故曰風。⑤ 至于王道衰，禮義廢，政教失，國異政，家殊俗，而變風、變雅作矣。國史明乎得失之迹，傷人倫之廢，哀刑政之苛，吟詠情性，以風其上，達于事變，而懷其舊俗者也。故變風發乎情，止乎禮義。發乎情，民之性也；止乎禮義，先王之澤也。

是以一國之事，繫一人之本，謂之風。言天下之事，形⑥四方之風，謂之雅。雅者，正也，言王政之所由廢興也。政有小大，故有小雅焉，有大雅焉。頌者，美盛德之形容，以其成功告于神明者也。是謂"四始"⑦，詩之至也。

---

① 乖：戾，暌離人情。
② 先王：指周之文王、武王、周公、成王。
③ 經：常，使動用法，使夫婦處得常道。
④ "故詩"至"曰頌"：朱子詩傳綱領曰，"風、雅、頌者，聲樂部分之名也。風則十五國風，雅則大小雅，頌則三頌也。賦、比、興，則所以製作風雅頌之體也。賦者，直陳其事……比者，以彼狀此……興者，託物興詞……六者之序，以其篇次，風固爲先，而風則有賦、比、興矣，故三者次之，而雅頌又次之，蓋亦以是三者爲之也"。
⑤ "主文"至"曰風"：朱子詩傳綱領曰，"凡以風刺上者，皆不主于政事，而主于文詞；不以正諫，而託意以諫，若風之被物，彼此無心，而能有所動也"。
⑥ 形：體現于。
⑦ 四始：史記云，"關雎之亂以爲風始，鹿鳴爲小雅始，文王爲大雅始，清廟爲頌始"。

課後習題

一、請闡述對"詩者，志之所之也"及"故正得失，動天地，感鬼神，莫近于詩"這兩句話的理解。

二、請簡述詩的"六義""四始"。

延伸閱讀

詩集傳序（節錄）①

朱　子

……曰："然則其所以教者何也？"曰："詩者，人心之感物而形于言之餘也。心之所感有邪正，故言之所形有是非。惟聖人在上，則其所感者無不正，而其言皆足以爲教，其或感之之雜，而所發不能無可擇者，則上之人必思所以自反，而因有以勸懲之，是亦所以爲教也。昔周盛時，上自郊廟朝廷，而下達于鄉黨閭巷，其言粹然無不出于正者，聖人固已協之聲律，而用之鄉人，用之邦國，以化天下。至于列國之詩，則天子巡守，亦必陳而觀之，以行黜陟之典。降自昭穆而後，寖以陵夷，至于東遷，而遂廢不講矣。孔子生于其時，既不得位，無以行勸懲黜陟之政，于是特舉其籍而討論之，去其重複，正其紛亂，而其善之不足以爲法，惡之不足以爲戒者，則亦刊而去之，以從簡約，示久遠，使夫學者即是而有以考其得失，善者師之，而惡者改焉，是以其政雖不足以行于一時，而其教實被于萬世，是則詩之所以爲

---

① 本文節錄自朱子詩集傳，北京：中華書局，2017年，第1—3頁。

教者然也。"

　　曰："然則國風、雅、頌之體，其不同若是，何也?"曰："吾聞之，凡詩之所謂風者，多出于里巷歌謠之作，所謂男女相與詠歌，各言其情者也。惟周南、召南親被文王之化以成德，而人皆有以得其性情之正，故其發于言者，樂而不過于淫，哀而不及于傷，是以二篇獨爲風詩之正經。自邶而下，則其國之治亂不同，人之賢否亦異，其所感而發者，有邪正是非之不齊，而所謂先王之風者，于此焉變矣。若夫雅、頌之篇，則皆成周之世，朝廷郊廟樂歌之辭，其語和而莊，其義寬而密，其作者往往聖人之徒，固所以爲萬世法程而不可易者也。至于雅之變者，亦皆一時賢人君子閔時病俗之所爲，而聖人取之，其忠厚惻怛之心，陳善閉邪之意，尤非後世能言之士所能及之。此詩之爲經，所以人事浹于下，天道備于上，而無一理之不具也。"

　　曰："然則其學之也當奈何?"曰："本之二南以求其端，參之列國以盡其變，正之于雅以大其規，和之于頌以要其止，此學詩之大旨也。于是乎章句以綱之，訓詁以紀之，諷詠以昌之，涵濡以體之，察之情性隱微之間，審之言行樞機之始，則修身及家平均天下之道，其亦不待他求而得之于此矣。"……

尚書序

【題解】

此篇爲古文尚書之序，傳爲孔安國所作。後世學者疑其僞託。然其述尚書傳衍甚明，如蔡九峰所言，"以其本末頗詳，故備載之"。

古者伏犧氏之王天下也，始畫八卦，造書契，以代結繩之政，由是文籍生焉。伏羲、神農、黄帝之書，謂之三墳，言大道也。少昊、顓頊、高辛、唐、虞①之書，謂之五典，言常道也。至于夏、商、周之書，雖設教不倫②，雅誥③奥義，其歸一揆④，是故歷代寶之，以爲大訓。八卦之説，謂之八索，求其義也。九州之志，謂之九丘。丘，聚也。言九州所有，土地所生、風氣所宜，皆聚此書也。春秋左氏傳曰：楚左史倚相，能讀"三墳、五典、八索、九丘"⑤，即謂上世⑥帝王遺書也。

---

* 本文選自尚書正義，上海：上海古籍出版社，2007年，第2—21頁。
① 唐虞：唐，堯，初爲唐侯。虞，舜，國號有虞。
② 不倫：不同。倫，類。
③ 雅誥：雅正的辭誥。
④ 一揆：一致。揆，度。
⑤ 事見左傳昭公十二年。
⑥ 上世：上古之事。

先君①孔子生于周末，覩史籍之煩②文，懼覽者之不一，遂乃定禮、樂，明舊章，刪詩爲三百篇，約③史記而修春秋，讚④易道以黜八索，述職方⑤以除九丘。討論墳、典，斷自唐、虞以下，訖于周，芟夷煩亂，翦⑥截浮辭，舉其宏綱，撮⑦其機要，足以垂世立教，典、謨、訓、誥、誓、命之文凡百篇，所以恢弘⑧至道，示人主以軌範⑨也。帝王之制坦然明白，可舉而行。三千之徒⑩，並受其義。

及秦始皇滅先代典籍，焚書坑儒，天下學士逃難解散，我先人⑪用藏其家書于屋壁。

漢室龍興⑫，開設學校，旁求儒雅⑬，以闡大猷⑭。濟南伏

---

① 先君：先君子，尊先祖。先，已故。
② 煩：雜冗。
③ 約：孔穎達正義云，"準依其事曰'約'"。
④ 讚：孔穎達正義云，"因而佐成曰'讚'"。
⑤ 職方：周禮夏官職方氏。職方氏爲夏官司馬所屬，周禮載其職爲"掌天下之圖，以掌天下之地，辨其邦國、都鄙、四夷、八蠻、七閩、九貉、五戎、六狄之人民，與其財用、九穀、六畜之數要，周知其利害"。
⑥ 翦（jiǎn）：削。
⑦ 撮：取。
⑧ 恢弘：開廣。
⑨ 軌範：準則典範。
⑩ 三千之徒：指孔門後學。孔子弟子三千。
⑪ 先人：孔安國祖父。
⑫ 龍興：王者興起。
⑬ 儒雅：儒者正士。
⑭ 猷（yóu）：道。

生①，年過九十，失其本經，口以傳授，裁②二十餘篇，以其上古之書，謂之尚書。百篇之義，世莫得聞。至魯共王好治宮室，壞孔子舊宅。以廣其居，于壁中得先人所藏古文虞、夏、商、周之書，及傳、論語、孝經，皆科斗文字③。王又升孔子堂，聞金石絲竹之音，乃不壞宅，悉以書還孔氏。科斗書廢已久，時人無能知者。以所聞伏生之書，考論文義，定其可知者，爲隸古定④，更以竹簡寫之，增多伏生二十五篇。伏生又以舜典合于堯典，益稷合于皋陶謨，盤庚三篇合爲一，康王之誥合于顧命，復出此篇，並序凡五十九篇，爲四十六卷。其餘錯亂摩滅⑤，弗可復知。悉上送官，藏之書府，以待能者。承詔爲五十九篇作傳，于是遂研精覃思⑥，博考經籍，採摭⑦群言，以立訓傳。約文申義，敷⑧暢厥旨，庶幾有補于將來。書序，序所以爲作者之意，昭然義見，宜相附近，故引之各冠其篇首，定五十八篇。既畢，會國有巫蠱⑨事，經籍道息，用⑩不復以聞，傳之子孫，以貽後

---

① 伏生：名勝，于秦滅典籍後傳續書經。史記儒林列傳載，"伏生者，濟南人也，故爲秦博士。孝文帝時，欲求能治尚書者，天下無有，乃聞伏生能治，欲召之。是時伏生年九十餘，老，不能行，于是乃詔太常使掌故晁錯往受之。秦時焚書，伏生壁藏之。其後兵大起，流亡。漢定，伏生求其書，亡數十篇，獨得二十九篇，即以教于齊魯之間。學者由是頗能言尚書，諸山東大師無不涉尚書以教矣"。
② 裁：通"纔"，僅。
③ 科斗文字：文字隸變前用墨或漆所書寫的篆字，因筆劃頭粗尾細如蝌蚪，故稱。科斗，即"蝌蚪"。
④ 隸古定：孔穎達正義云"就古文體而從隸定之"，即將科斗古文用隸書轉寫。
⑤ 摩滅：文字磨損。
⑥ 研精覃（tán）思：精研深思。覃，深廣。
⑦ 採摭（zhí）：選取。摭，拾取。
⑧ 敷：鋪陳。
⑨ 巫蠱：謂漢武帝後期巫蠱之禍。
⑩ 用：因此。

代。若好古博雅君子與我同志，亦所不隱也。

課後習題
一、請簡述此序所言尚書傳衍過程。
二、請談談對伏生傳書的理解。

延伸閱讀

書集傳序（節錄）①
蔡九峰

……嗚呼，書豈易言哉！二帝、三王治天下之大經大法皆載此書，而淺見薄識，豈足以盡發蘊奧。且生于數千載之下，而欲講明于數千載之前，亦已難矣。然二帝、三王之治本于道，二帝、三王之道本于心，得其心，則道與治固可得而言矣。何者？精一執中，堯、舜、禹相授之心法也；建中建極，商湯、周武相傳之心法也。曰"德"、曰"仁"、曰"敬"、曰"誠"，言雖殊而理則一，無非所以明此心之妙也。至于言天，則嚴其心之所自出；言民，則謹其心之所由施；禮樂教化，心之發也；典章文物，心之著也；家齊、國治而天下平，心之推也，心之德其盛矣乎！二帝、三王，存此心者也；夏桀、商受，亡此心者也；太甲、成王，困而存此心者也。存則治，亡則亂，治亂之分，顧其心之存不存如何耳。後世人主有志于二帝、三王之治，不可不求

---
① 本文節錄自蔡九峰書集傳，北京：中華書局，2018年，第13頁。

其道；有志于二帝、三王之道，不可不求其心。求心之要，舍是書何以哉！……

五、經傳

易序

【題解】

此篇易序今見于二程遺文、朱子周易本義、程子門人周行己浮沚集。其文在浮沚集中與前兩者略有不同。關于其作者，尚有爭議：一説爲程子或朱子，或以爲周行己。此序從三方面闡述易之大旨。一則明聖人作易之意義：聖人作易，明卦爻彖象之義，順性命之理，盡變化之道，見天地之情。二則解釋何謂易：易者陰陽之道，卦爲陰陽之物，爻爲陰陽之動，卦爻體用皆在陰陽變化之中。三則分析如何知易：卦無定象，爻無定位，則不能以一時一事索卦明爻；知卦爻彖象之義，亦知卦爻彖象之用；以人之精神心術運動與天地、日月、四時、鬼神合，方能謂之知易。

易之爲書，卦爻彖象①之義備，而天地萬物之情見。聖人之

---

* 本文選自二程著，王孝魚點校遺文，河南程氏文集，二程集，北京：中華書局，1981 年，第 667 頁。今錄入此篇，題目下有"見性理群書"一句，全文標點稍有改動。

① 卦爻彖象：伏羲畫卦，三畫而成八卦，八卦之上各加八卦，而成六十四卦。一卦由爻構成，一奇象陽，一偶象陰。文王繫之卦辭，亦稱彖辭，言全體之象。周公繫之爻辭，言一節之變。伏羲所畫之卦，文王、周公所繫之辭稱爲經。

憂天下來世其至矣，先天下而開其物①，後天下而成其務②。是故極其數③以定天下之象，著其象以定天下之吉凶④。六十四卦，三百八十四爻，皆所以順性命之理，盡變化之道也。

散之在理，則有萬殊；統之在道，則無二致。所以"易有太極，是生兩儀。"⑤ 太極者，道也；兩儀者，陰陽⑥也。陰陽，一道也；太極，無極⑦也。萬物之生，負陰而抱陽，莫不有太極，莫不有兩儀。絪緼交感，變化不窮。形一受其生，神一發其智，情僞⑧出焉，萬緒⑨起焉。

易所以定吉凶而生大業，故易者陰陽之道也，卦者陰陽之物也，爻者陰陽之動也。卦雖不同，所同者奇耦；爻雖不同，所同者九六⑩。是以六十四卦爲其體，三百八十四爻互爲其用。遠在六合⑪之外，近在一身之中，暫于瞬息，微于動靜，莫不有卦之象焉，莫不有爻之義焉。

至哉易乎！其道至大而無不包，其用至神而無不存。時固未始有一，而卦亦未始有定象；事固未始有窮，而爻亦未始有定位。以一時而索卦，則拘于無變，非易也；以一事而明爻，則窒

---

① 開其物：使人卜筮而知吉凶。
② 成其務：知吉凶而成就事業。
③ 極其數：朱子："通三揲兩手之策，以成陰陽老少之畫；究七八九六之數，以定卦爻動靜之象也。"
④ 吉凶：易中卦爻占決之辭。
⑤ 語出易繫辭上。
⑥ 陰陽：二氣，奇爲陽、偶爲陰。
⑦ 無極：無聲無臭者，至極之理本無形。
⑧ 情僞：人情之僞。
⑨ 萬緒：萬事之端。
⑩ 九六：九爲陽，六爲陰。
⑪ 六合：天地四方。

而不通，非易也。知所謂卦爻象象之義，而不知有卦爻象象之用，亦非易也。故得之于精神之運、心術之動，與天地合其德，與日月合其明，與四時合其序，與鬼神合其吉凶，然後可以謂之知易也。

雖然，易之有卦，易之已形者也；卦之有爻，卦之已見者也。已形已見者，可以言知；未形未見者，不可以名①求。則所謂易者，果何如哉？此學者所當知也。

課後習題

一、闡釋下列句子中的加點詞："陰陽，一道也；太極，無極也。""形一受其生，神一發其智，情偽出焉，萬緒起焉。"

二、文中三處提到了"非易也"，如何理解？

延伸閱讀

周行己浮沚集卷三，易講義序，清文淵閣四庫全書本。

二程著，王孝魚點校二程集卷第八，伊川先生文四，易傳序，北京：中華書局，1981年，第583頁。

---

① 名：名義。

通論五　學術寫作

一、總説

　　學術寫作首先也是一種寫作，其次才是一種有別于文學性或應用性的寫作。寫作對于一般人來説，更熟悉或更廣泛的形態一般是文學性的，而本節要論的屬于學術性的寫作。作爲一種寫作，要能將自己的所思所感，以書面文字的方式儘量準確地表達出來，這是最基本要求。與人的諸多其他能力一樣，寫作能力既有天分又有訓練。擁有基本的寫作能力大體上人人可得，天分只是影響擁有這種能力的遲與速。但寫作水準最終能達到何種地步，就會比較大地受限于天分。口頭表達能力與書面文字並不直接相關，甚至能説會道的人更有可能不願意勤于練習寫作，拙于言辭的人反而肯在寫作上花工夫，寫得一手好文章。與寫作能力相比，口頭表達能力更多地被天分所決定。有人天生就是個話嘮，雖然話多不意味着會説話，但生性寡言的人往往意味着不擅言辭。當然，沉默寡言之人可能是一個優秀的演講者，平時話多的人却有可能上不了臺面。同樣是口頭表達能力，各自還可以有很大的區分。能説會道往往跟文化無關，演講則通常屬于文化人的事情。這種區分體現在口頭表達與寫作上更爲鮮明，寫作不僅意味着識字和閲讀，更在于經過消化後，也能將自己的所思所得以文字方式表達出來。簡言之，這屬于一種文化人的創造。

　　以上就寫作的一般情況而言，具體到學術寫作，又有很多的不一樣。學術寫作首先是一種思想性的寫作，但思想性的寫作也可以比較鬆散，甚至是隨筆性的。學術寫作則是更爲嚴謹的思想性寫作，有相對完整的學術規範系統，乃至可以最爲嚴格地説，寫作的每一句話都應該有學術上的依據，並經得起推敲。作爲初學者，學習學術寫作應該從擺脱固有的寫作習氣開始，這在很大程度是由中學生的寫作方式遺留下來的。首先是改變主觀任意的寫作習慣。之前的寫作訓練一般都是文學性的，文學寫作的主觀想像更强，乃至不妨天馬行空。學術寫作最忌臆想，文章寫得再漂亮，没有幾句話能經得起推敲，也是失敗的學術寫作。要讓寫作的每一句話都有學術上的依據，對于初學者來説，聽起來可能很難。剛開始肯定是，熟悉和習慣這種寫作方式之後，就會發現其實也没那麽難。寫作不是一種單獨的能力，學術寫作尤其如此，與自身對學問的閲讀和積累息息相關。學問有了一定的積累之後，熟悉了專業範圍内的基本知識，在寫作過程中比較準確地運用和叙述這些知識，從而就能做到所寫内容基本上經得住推敲。懂得必須基于專業範圍内的基本共識進行寫作，就能避免寫作上的主觀任意。

　　其次不寫空話、套話，這往往是中學生寫作遺留下來最爲嚴重的問題。從具有很强主觀想像的寫作到嚴謹的寫法，這可能只是寫作方式上的改變。經過一段時間的訓練和積累，就能逐漸改變過來。但空話、套話的頑疾就没那麽容易改變了，即使隨着專業知識的逐漸積累，擺脱了中學時代的空話、套話，還有可能寫的是一些人云亦云的内容。空話、套話不是經不起推敲，而是根本不需要推敲，是毫無意義的重複。離開空話、套話，不再寫些人云亦云的話，就意味着真正考量自己的思考能力，必須進行有創造性的表達。再次，改變把寫作當成任務的態度，培養以學術的方式思考問題的能力。過去的寫作主要以命題作文的方式出現，是必須要完成的學生作業。這是在缺乏主動的問題意識下硬着頭皮在寫，也可以練習基本的寫作能力，但對於學術寫作而言，需要重新樹立寫作的態度。學術寫作能力的訓練，必須在積累專業知識的同時，培養以學術的方式思考問題的能力。只有跟得上學術的思考能力，才談得上訓練學術的寫作能力。

二、確定選題

以上總體而言作爲初學者，如何訓練學術寫作的相關問題。具體而言，先從選題說起，這是學術寫作的第一步。對於學術寫作而言，選題肯定存在技巧性，只不過選題的技巧到底有多重要，不同的學者看法可能不一樣。尤其不同的學科之間，有可能存在巨大的差異。有的學科可能特別強調選題的新穎或創新，甚至不惜追求選題的偏門或冷僻。哲學學科存在各種可能，哪怕僅就中國哲學專業的選題，有的學者傾向于選題的獨創性，而有的學者更傾向于選題的正大，好的選題可以常寫常新。但不管怎樣，沒有人否認選題需要講究技巧，即便寫常見的選題，也還有從什麼角度切入的技巧。不過，跟選題的新穎、獨創及其他各種技巧相比，選取最適合自己的選題顯得更爲重要。在某種意義上，甚至可以說，選題的好壞取決於與自己的契合程度。不同選題的難易程度可能大不一樣，一定要在自己的思考和寫作能駕馭的範圍内確定選題。但與難易程度相比，更難判斷的是不同的選題適合不同的寫作風格。一個技巧性很強的選題，就不適合那種很本分的寫作。而一個頭腦聰慧而充滿靈氣的人，面對那種要投入笨拙工夫的選題，可能就沒有用武之地了。這只能算是舉例而言，選題的好壞既然因人而異，在與個人的契合度上，就無法一概而論了。初學者需要具備這種意識，看清自己的寫作風格，充分考慮到選題對不同寫作風格的要求。

僅就選題本身而言，亦可稍作解說，以助初學者分辨。選題有多種多樣，以中國哲學專業爲例，既有常見的經典性選題，比如"朱子理述""理一分殊述"；又有出人意料的創新性選題，如以禮記寡婦之子交友爲中心。有中正平和的選題，如"'中庸'辨義""孟子'良知良能'說研究"；有充滿緊張感的選題，如分析"竊負而逃"中的忠與孝、以"祭仲許宋"爲中心寫經權之辨；也有出奇制勝的選題，如以隱私權爲對比寫慎獨思想。有的選題很樸實，如論變化氣質或文質關係；有的選題很巧妙，如以"告子很忙"爲綫索。有的選題很粗放，如儒家"命"觀念研究、儒家政治思想研究之類；有的選題很精審，如從孟子"見牛未見羊"展開"見"字探義。有的選題論大體以立根本，如"論尚志"；有的選題論一端以示巧思，如論"藏"。有靈巧的對比，如"坐忘與自得"；也有大氣的專論，如"仁者無敵"。當然，還有一種很常見的劃分，即或以人物、或以典籍、或以問題、或以命題、或以觀念等爲不同研究物件的選題，不一一舉例。

初學者究竟適合怎樣的選題，這有點像個玄學問題。一個分明很矜持的人，却定了一個很大氣的選題，或一個分明本分的人，却定了一個很有靈氣的選題，這也都很難說。但不管如何，選題與作者之間，終有一個契合度的問題。也有另一種情況，即有的選題適合更多的人，有的選題適合更少的人。作爲中國哲學的一些基本問題，比如論人性善，應該人人可作。這種論題門檻較低，稍有一定專業知識的積累，大概都能有所論述。但由於論述的空間很大，既容易寫又很難寫好，反而一不小心就寫差了。有的選題則具有較強的個人特色，比如說論飲食之義，這種論題不一定適合很多人。由於空間相對較小，寫出來一般不會太差，却也缺少寫得很好的空間。最後，一般認爲選題不宜過大，應該以小見大，要有新意，具有創造性，等等。這些意思也都能說，只不過不絕對。既然比較常見，也就不再贅述。

三、構建框架

確定選題之後，緊接着就是構建框架的問題。選題是否得當，很多時候不由選題本身決定，而需要通過構建的框架來判斷。基本上可以說，能構建好的框架，也就意味着選對了論題。而一個看起來挺好的選題，也有可能毀在不好的框架上。如何構建好的框架，說到底由寫作者本人對論題的思考能力決定。只不過對初學者而言，還是有必要懂得一些基本的注意事項，掌握某些技巧，儘量少走彎路。框架主要有章節主題或標題和各章節之間的關係這兩方面，初學者大體明白爲各章節寫一些什麼內容而費心，却很容易忽視或更有可能是難以顧及各章節之間的關係。各章節下安排什麼內容，這是最基本的要求，但初學者最容易犯的錯誤，是將構建框架的着力點搞錯了。論題確定之後，初學者可能始終在想，圍繞着論題可以寫一些什麼內容，然後將可能想到的全部內容分佈爲各個章節。

這樣聽起來好像也沒什麼問題，不排除以這種方式也能構建好的框架。但更多的時候，直接從論題到具體內容的寫作方式，很容易出現各章節之間顧此失彼及層次不清楚的問題。可能有人也能駕馭好，但一般而言，這種方式其實跳過了構建框架這一環節，只不過寫完之後也能呈現一個框架，實際上沒有起到構建框架的作用。初學者在確定選題的時候，可能已經想到會寫一些什麼內容，畢竟只有這樣才能有一些依據。但選題一旦確定，最好不要想着直接就這些內容擴展一下，而應該先將這些內容放一放，面對選題先做構建框架的事情。構架框架也就是通常所說的謀篇佈局，不是先想圍繞論題能寫哪些內容，而是面對論題能構建什麼樣的框架，所以着力點應該放在框架本身，而不是已經想到的那些具體內容。這樣才可能集中而充分地關注各章節之間的關係問題，比如節與節之間是否邏輯清晰，及章與章之間是否層次分明，還有全部章節與論題的照應程度，從論題到全部章節形成怎樣的整體效果，等等。構建框架是學術寫作一個相對獨立的環節，必須發揮其應有的作用，才能比較有效地確保後面的具體寫作不至于出現太大的問題。

很多時候，初學者都有可能對構建框架缺乏耐心，只是一味想着怎樣才能儘快將想到的具體內容寫出來。在這個意義上，認真做好構建框架這一環節，也能檢驗寫作者究竟是否真的適合確定的選題。在構建框架這一環節否定已有的選題而重新考慮，比起寫到中途發現寫不下去了，再臨時更換選題，顯然要好得多。雖然也不排除分明有了好好的框架也遇到寫不下去的情況，但好的框架肯定能讓寫作者心裏更有底氣，更具有克服寫作障礙的力量。構建框架的時候，各章節的主題要慢慢明晰，仔細推敲從上一節到下一節、上一章到下一章之間的過渡與銜接，並力圖通過各章節的標題盡可能明確地表達。好的框架讓讀者一看就大體明白，對論題展開的思路是什麼，甚至能大體預期寫作的基本內容。各章節佈局的層次性、條理性有多分明，也意味着寫作者對論題的思考和駕馭程度。由此不難看出構建框架對於學術寫作的重要性，而且越是初學者，作用就會越大，越有可能規避初學者容易犯的毛病。

也不可否認，具體情況仍然是複雜的，不同的選題所可能實現的框架，難以一律要求達到何種清晰的程度。學術寫作的思想性決定了選題和框架的複雜性，一部從論題到框架都無比清晰的學術作品，完全有可能並沒有什麼學術價值。相反，哲學家們的作品很多都艱深難懂，但這不能成爲初學者拒絕以一種盡可能明晰的方式確定選題和構建框架的理由。只不過也不能爲了初學者更容易學習學術寫作，提供一種固定的框架模式，比如無論何種選題，都從時代背景、人物生平之類的開始，再以時代的局限性、現代意義之類的結束。這種方式固然便於初學者掌握，但危害亦大，很可能使得學術寫作停留在低水準階段，難以得到提高。

四、處理文獻

接下來是文獻處理的問題，可以說，這是學術寫作獨有的環節。其他寫作也可以有定題、謀篇佈局、論點論據等問題，但不會有專門的文獻處理。對于學術寫作而言，完全可能從起念頭開始，到寫作全部結束，整個過程都伴隨着對文獻的閱讀、理解和處理。當然，也有相對集中的時候，一般就在構建框架的前後。從學術規範的角度上看，在構建框架之後到開始寫作之前，有一個專門的寫作文獻綜述的環節，這更能突出學術寫作的獨特性。還有在正文寫作完成後，需要做參考文獻匯總乃至文獻索引等工作，這取決于不同的學術寫作需求。可以說，文獻是學術寫作的依據，離開文獻的寫作，基本可以判定不屬于學術寫作。從學術寫作的投入來看，文獻閱讀和處理往往佔據了多數的時間和精力，乃至還有可能絕大部分時間都耗費在處理文獻上，真正的寫作可能只花很少一點時間。學術寫作的基本功，在相當程度上就是文獻的積累和處理的基本功，在學術寫作道路上的成長，某種程度上也是一條不斷積累文獻以及懂得如何處理文獻的漫漫征途。

當然，文獻的功底只決定學術寫作水準的下限，却不能決定水準的上限。上限終究依賴于對道理的領會和把握的能力，只有基于道理的思想才能將學術寫作的水準帶到高位。但問題是，思想的能力很難訓練，尤其天才般的思想基本不靠訓練。而扎實的文獻功底可以一步一步地訓練出來，所以哪怕文獻功底僅提升下限，大段的學習也只能建立在文獻的積累和處理上。文獻是一個很寬泛的概念，對有的學科來講，可能一切研究物件都屬于文獻，雖說往往還有更爲經典的文獻。但對于中國哲學而言，經書與一般的文獻地位根本不一樣。比如儒家文明中的"四書五經"，其作爲道理之書，不能當成普通的文獻看待，從而在學術寫作過程中，也就不能像處理文獻一樣對待"四書五經"。雖説不用牽涉"四書五經"，學術寫作涉及的文獻問題依然太廣泛，此處僅限于構建框架之後的文獻綜述來談。

關于文獻綜述，按學術規範來説，撰寫工作應該發生在正文寫作之前。從選題到框架都定下來之後，還不忙進入正式寫作的環節，而必須充分佔有相關文獻，這是學術寫作最不一樣的地方。必須對這一論題的相關研究成果進行充分的收集和佔有，才能最大限度地保障學術寫作中的每一句話都有學術上的依據。通過撰寫文獻綜述，肯定有助於深化對選題的理解和把握，乃至有助于呈現正文寫作的具體脈絡。若論題是文章的主腦，框架是文章的骨架，則撰寫文獻綜述便相當于定下了文章的血脈。好的文獻綜述完成之後，對于開始寫作正文基本可以做到成竹在胸，大大有利于正文的順利寫作。當然，問題在于，文獻綜述能否完成得足夠好。沒有寫好的文獻綜述，可能就起不了多大的作用。作爲初學者，可能不一定有足夠的耐心和定力完成文獻綜述，尤其在寫作時間不充足的情況下，在想着早點開始進入正文的寫作這一急迫心理下，更不可能寫出好的文獻綜述。文獻綜述寫不好，甚至可能有產生副作用。面對大量的相關研究文獻，沒有耐心處理，可能不利于論題的把握，更有可能影響寫作的信心。

要想寫好文獻綜述，必須在意識到其重要作用後引起高度重視，將其當成學術寫作的獨立環節來認真對待，安排相對充裕的時間，以足夠的耐心和定力閱讀並消化文獻。爲了撰寫文獻綜述而閱讀文獻，跟平時的閱讀有很大的不一樣。平時的閱讀只看文獻有哪些好處可以學習就行，但要爲文獻綜述做準備，必須緊緊圍繞已有的論題，關注高度相關的內容。這就意味着不能完全被文獻本身的內容帶着走，同時盡可能地摘錄相關內容，以備撰寫文獻綜述之用。閱讀許許多多的文獻通常不會很難，最艱巨的工作在于將所有相關的研究文獻，既按與論題的相關度進行處理，又按框架的大體思路進行安排，將相關的研究內容消化和吸收之後，撰寫成獨立的文獻綜述。寫文獻綜述難就難在，收集到的各種研究文獻原本相互獨立，並不構成任何關係，現在却需要在某一論題之下，照應構建的框架，聚焦各種文獻的相關研究内容，梳理成一種層次分明、條理清晰的研究綜述。這就要求對各種文獻很熟悉，對相關研究内容有消化，對運用文獻相關内容的輕重詳略處理得當。一篇好的文獻綜述决不在于羅列很多文獻中的相關觀點，而要經過消化之後融爲一體。原本各不相干的許多文獻，在自己的努力下變得次序井然、首尾相貫。這本身就是思考和寫作能力的體現，無論對文獻的駕馭、對觀點的把握、對思路的重構以及對材料的融會等，都有着很高的要求。

不同學科對文獻處理的要求並不完全相同，很多專業的學術寫作可能高度依賴文獻，而哲學專業的學術寫作，更有可能因寫作風格不同，依賴的情況和程度各不一樣。對于中國哲學專業而言，有可能表現在古今文獻的不同側重。注重經典研讀的寫作風格，可能更專注古代的文獻，極端的情况下甚至不涉及任何現代的研究文獻。極具現代意識的寫作風格，可能主要關注現代的研究成果，也有可能完全不涉及古代的文獻。有不同側重很正常，只不過對于完全不涉及古代或現代的研究文獻這種情況，有可能極好，也有可能極不好。閱讀或瞭解現代的研究成果，却覺得無一可用，這是一回事；完全不讀經典，對古代文獻一無所知而無法用，這是另一回事。另外，還有可能表現在新的學術創作與已有研究文獻的成果之間，兩者的關聯程度可能很不一樣。有的學術寫作與此前的相關研究成果有着清楚的關聯，有的可能說不上。畢竟屬于思想性很強的寫作，不見得都有直接的關聯。這都會影響對文獻的依賴程度，但不管如何，沒有人否認文獻處理對于學術寫作的重大作用。

五、服膺經典

文獻綜述的作用還可以說很多,比如避免重複別人的研究成果,有利于在前人研究成果的基礎上進一步推進研究,以及在他們研究的得失中吸取經驗教訓,等等,不一一贅述。另外,文獻綜述與一般的研究綜述也還不完全一樣,一般的研究綜述是呈現相關領域的階段性研究狀況,收集相關研究文獻的時候,相互之間的關係相對客觀一些。文獻綜述基于自己確定的論題收集文獻,標準和範圍相對主觀,處理起來可能更有難度。當然,這只是相對而言。寫完文獻綜述之後,接下來才真正進入正文寫作的階段。關于正文寫作,從方法指導上能談的,反而不多了。學術寫作的好壞,無疑最終體現在正文的寫作上。無論其他方面的工作做得如何,正文寫壞了,一切基本上也就沒什麽意義了。正文寫得好,甚至還能蓋過其他方面的種種不足。當之前其他環節的工作都做好之後,進入正文的寫作,除了需要用心、專注和刻苦之處,主要就得依賴各人的思想和寫作能力。對于中國哲學專業而言,也還有一個相關的問題可以談,此即如何處理學術創新與服膺經典之間的關係。

這個問題可能並非現代學術寫作都要面對的,對于多數學科而言,學術寫作的全部目的可能就是創新,即通常所謂提出新的觀點,提供新的論證或運用新的方法,等等。也並非中國哲學專業的學術寫作就一定有這個問題,甚至也不是所有做儒家學問的人需要面對的。也許並沒有很多從事學術寫作的人認爲這是一個問題,却並不影響其重大性。從某種意義上,學術寫作總意味着創新,也並非全不可說。尤其當創新與重複相對時,學術寫作在任何意義上都不需要做重複的工作。若創新一定要體現在類似于新的觀點上，則未必。學術寫作提出了新的觀點就是好的嗎？有人認爲還需要好的論證。新的觀點加上好的論證，就能成就好的學術寫作嗎？肯定有人認爲也差不多吧，而有人則不以爲然。兩者之間的分歧，就來自對學術創新與服膺經典之間的關係有不同的理解。若具體而論，在不同的思想立場眼中，其間大概有着多種不同的複雜關係。但也不妨比較簡單地概括爲兩種：一種以經典提供正確的道理服膺經典，學術寫作在于不斷地理解經典中的道理；一種以經典提供論證道理的示範性而強調創新，學術寫作在于效仿這種論證而提出新的道理。就前一種情形而言，學術寫作基于時代的情境而努力理解和印證經典的道理，比如服膺"四書五經"，不意味着這樣的寫作就沒有創新。而對于後一種情形，學術寫作致力于論證新的觀點，也未必不會以某種"創新"的方式在重複。

僅就學術寫作的水準而言，以上兩種不同的立場並不具有決定性。基于一種服膺經典的立場，通過學術寫作理解經典上的道理，很多也寫不出好的內容。而刻意追求論證新的觀點，也就真有很多精彩之作。可以說，沒有什麼立場可以決定學術寫作的水準。但這完全不意味着立場不重要，只不過在方法指導層面上談學術寫作，並不需要突出立場問題。在正文寫作過程中，追求學術創新不意味着各種推陳出新，新的觀點、新的論證、新的方法，乃至前無古人式的一套全新的道理、全新的世界觀，等等。作爲初學者，常常有人不免以初生牛犢不怕虎的勁頭，總有一種要提出驚世駭俗之論的衝動，最終不過留下很多笑柄。初學者以爲靠着突發奇想，就能提出一套聞所未聞的世界觀，這就好比一個業餘選手，自以爲可以靠出奇制勝，打敗業内頂級選手。這也意味着不能片面强調學術創新，"用心"顯然比"創新"更爲正大。無論怎樣强調"用心"，終歸不會有錯處，而一味强調"創新"，則難免誤入歧途。

初學者往往缺乏寫作經驗，寫作上容易出現各種不成熟的症狀，這都是成長過程中需要經歷的。初學者也不是没有任何優勢，以一個學習者的態度面對學術寫作，更容易保持虚心的態度，也更能用心寫作。只有全身心地投入寫作，專注而用心，才是寫好正文的法寶。只將學術寫作當成理解經典的機會，用心體會其中的道理，用心表達自己的理解，不刻意追求創新，而新意自在。同樣的道理，不同的人用心體會，理解之後表達的意思必定有所不同。雖然道理還是那個道理，作者對于理解這個道理提供了不同角度，表達了不同心願，或説出了不同意思，等等，令讀者讀過之後受到啓發，這就是學術寫作的貢獻，也可以説具有新意。作爲初學者有了這種意識，至少不會誤入刻意求新的歧途。

六、應對西學

對于中國哲學專業的學術寫作，最後還有一個密切相關的問題，即如何應對西學這一思想資源。其實這也不只是中國哲學專業才會面對的，文史各學科也都存在如何應對西學的問題。中國哲學的學術寫作曾一度籠罩在西學的陰影之下，大約在二十年前，做中國哲學的學者在學術寫作過程中，基本上有意無意地不斷引用西方學者的觀點。肯定不是都不該引用，但通過引用西方哲學的資源來獲得做中國哲學的合法性，這種集體無意識的做法必定有問題。包括在中國哲學的課堂上，若不能顯示自己也懂西方哲學，就好像沒有資格講中國哲學一樣。在這種背景下寫作中國哲學，反而沒有如何應對西學的問題，甚至只有在西學的視野下，如何處理中國哲學的問題。但這種時代基本成爲過去，今天越來越多做中國哲學的學者，已經沒有了這種心理。大大方方地講中國哲學的内容而不涉及西學，一點也不擔心不具有哲學的合法性。雖説時代的步伐還沒有到完全倒轉的時候，即做西方哲學的學者，要時不時講講中國哲學，以示作爲中國學者的"合法性"。但這種現象還是越來越多，甚至越來越多原本做西方哲學的學者，積極轉向做中國哲學。表現在中國哲學專業的學術寫作中，很多學者已經完全不引用西方哲學的思想資源。不過，這不意味着問題就解決了，不引用西方哲學，不等于回避西方哲學，也根本不是回避就能解決問題。

在某種意義上，問題變成如何應對西學，這本身就是一種進步。西學不容回避，也回避不了，更不是要在學術寫作中，刻意避免引用西學資源。讀哪些西方哲學的書，讀多少西方哲學的書，以及對西方哲學瞭解到何種程度，在寫作過程中對西方哲學有多大程度的依賴，等等，這都因人而異，並不能以此衡量學術寫作的高下。以前總以爲西方哲學瞭解得越多，做中國哲學的水準就越高，這固然錯誤，却不能以爲現在對西方哲學瞭解越少越好。中國哲學方面的學問做得好不好，與西方哲學的瞭解程度並無直接關係，主要影響的還是個人做學問的風格，尤其學術寫作上的風格。西學功底好的人，有可以將中國哲學的學問做得很出色的，也有做得很差的。一般而言，做中國哲學的學者，鮮有對西方哲學一無所知的。這也很正常，没有什麽好忌諱的。但很多做西方哲學的中國學者，就真有很多對中國哲學一無所知，這恐怕不能視爲正常。乃至有所謂做西方哲學的權威學者，一涉及中國哲學就露餡。

在中國哲學專業的學術寫作中，如何應對西學，主要與個人做學問的風格有關，但也並非沒有需要共同關注的地方。相反，面對西學，需要有一個共同的基本立場，即確立中國哲學的本位意識。無論西學顯得有多麼重要，也只是助力中國哲學。假如作爲一種中國哲學專業的學術寫作，讀者必須經過西方哲學的訓練之後才能讀得懂，這種西學的應對方式恐怕就很有問題了。這可能意味着學術寫作已經失去了中國哲學的本位意識，而爲西方哲學做了嫁衣裳。可見，如何應對西學的問題，還是十分重大的。不在于對西方哲學的瞭解程度如何，也不在于對西方哲學做多少引用，關鍵是要守住中國哲學的本位意識，並尋找中國哲學的問題意識，爲中國哲學而寫作。

以上分別從確定選題、構建框架、處理文獻及撰寫正文過程中服膺經典和應對西學等各個方面，談論學術寫作的相關問題。任何方法論上的指導，作用終究有限。學術寫作的能力跟其他各種能力在有一點上沒有二致，即無非通過勤學多練，在不斷地練習之中提高寫作能力，才是制勝法寶。學術寫作能力的不斷提升，也是一個漫長的過程，也許終身都在完善之中。一定要追問何時是個盡頭，恐怕只有當學術寫作做到每一句話都不是憑空說出，每一句話都有來由，每一句話都有意味時，才能説得上差不多了吧。

後　記

　　在四川大學哲學系開設自己的古代漢語課程，而不是到文學院選修，這是丁元軍老師堅持的主張，他爲此付出了巨大的努力。理由不難言明，哲學系的本科同學要想學好中國哲學，必須學好古代漢語。文學院的古代漢語一般開設多個學期，並不適合哲學本科生一學期的選修。更主要還在于，同樣學習古代漢語，基於現代語言學這個專業，與站在中國文化本位這一立場，兩者不可同日而語。也許丁老師並不認爲，文學院能夠恰當地持有一種中國文化本位的立場，于是不惜親力親爲，在哲學系開設古代漢語課程。

　　丁老師在多年的教學過程中，確定了適合哲學本科同學的古代漢語教程。除了確保一學期的教學安排外，與通行的各種古代漢語內容相比，有兩大不同的特點。一個最顯眼的特點，古代文選從今到古的反向排列，完全顛倒了往常從古到今的順序。這當然不是否定後者的合理性，而前者則更好地照顧了初學者由易入難的學習過程。但這並非只是在時間上作簡單的顛倒，由今到古的古代文選，又按"人文""節烈""爲學""文史"和"經傳"等五個板塊編排。每一板塊都對應着一種價值主題，最後回歸經書這一源頭，由此呈現鮮明的中國文化本位立場，這是另一個更爲深刻的特點。當然，除了這種獨創之處，更多的教學工作還是比較一致。比如以文選的方式爲主，輔之以一定的通論知識，對文選進行適當的注解，對作者進行必要的介紹，等等，這些都是古代漢語教學比較通行的做法。

我到川大之後，從丁老師手中接過古代漢語這一課程，同時接過來的還有丁老師提供的文選篇目。現在回過頭想，當時接下這門課程未免有些魯莽，完全屬于初生牛犢不怕虎的表現。我沒有受過這方面的訓練，最多能做到自己閱讀古籍時没什麽困難，但這根本不意味着知道如何教會學生。好在有丁老師提供的現成文選，我將大量的課前準備工作花在了如何疏通字義和文意上。我的教學未必很得法，可能也不一定成功地教好了學生，包括丁老師對文選編排的用心，當時也不見得十分清楚，但我抱有與丁老師一樣的立場與熱忱。我不希望古代漢語對于哲學本科同學而言，只是多了一門要學習的語言工具，尤其在這種還要學習多門古代外國語的情況下。古代漢語不只是學習中國哲學的一門語言工具，而應該成爲學習中國哲學的開端，乃至發生一種啓蒙作用。學習中國哲學需要確立中國文化本位的立場，需要起一份絶大的維護和傳承之心，由此激發同學們能以極大的熱忱投入對中國哲學的學習中。

在丁老師之後，我接着承擔了六年的古代漢語教學，直到新進老師接替。當時就有編寫一本教材的想法，這固然由於自己積累了不少工作，更主要還是覺得丁老師確定的古代文選及框架很有價值，可以供更多哲學專業的同學當成教材學習。很顯然，由丁老師組織編寫教材最爲合適，一定更能勝任這一工作。無奈丁老師志不在此，只好由我代爲操刀。不過，實際的編寫工作進行得很不順利，當初决計没料到會持續這麽長時間。從起念編寫古代漢語教材，到獲得經費支援，然後組織人手開始工作，再經過艱難的編寫過程，終於進入最後的出版流程。這一路走過來，整整耗費了十年之久。

爲了編寫好這本古代漢語教材，我邀請到貴州大學李秋莎老師、西北民族大學趙玫老師、四川大學吳瑤老師和中國人民大學博士生王羿龍等四位師友一起，組成編寫組共同開展工作。我提供過去這些年積累的教學講稿，編寫組在這個基礎上進行分工合作。具體編寫工作的開展由秋莎老師牽頭，她既具有深厚的文獻功底，又有篤定的中國文化本位立場，最能把握丁老師選取和編排古代文選的用心。對于古代文選篇目和框架的調整和打磨，以及通論部分的取捨和擬定，經過數月持續不斷地交流和討論，才逐漸確定下來。隨之確定的還有涉及各種細節的編寫體例，並通過試注之後，才進行了分工，各自負責不同篇目的編寫。具體分工情況如下：

一、人文
《海寧王先生之碑銘》　吳瑤
《〈靜庵文集續編〉自序二》　吳瑤
《學與術》　吳瑤
《乙丙之際箸議第九》　吳瑤
《水滸傳序一》　吳瑤
通論一　字詞訓釋　李秋莎
二、節烈
《日知錄·正始》　王羿龍
《李陵論　刺叛臣洪承疇》　王羿龍
《復清多爾袞書》　王羿龍

《登西臺慟哭記》 王羿龍

《正氣歌》(並序) 王羿龍

通論二 章句疏通 吳瑤

三、爲學

《杜詩學引》 李秋莎

《滄州精舍論學者》《又論學者》 李秋莎

《顏子所好何學論》 趙玫

《答韋中立論師道書》 李秋莎

《進學解》 趙玫

通論三 文獻檢索 趙玫

後記

四、文史

《自京赴奉先縣詠懷五百字》 李秋莎

《史通》(節錄) 李秋莎

《文選序》 李秋莎

《史記·太史公讚語》(節錄) 李秋莎

《莊子·天下》(節錄) 李秋莎

通論四 名物考辨 王羿龍

五、經傳

《鄭伯克段于鄢》 曾海軍

《禮記·樂記》(節錄) 李秋莎

《禮記·儒行》(節錄) 吳瑤

《詩大序》 李秋莎

《尚書序》 李秋莎

《易序》 趙玫

通論五 學術寫作 曾海軍

編寫組成員本着認真負責、耐心細緻的編寫態度，花費了大量的時間和精力，目的就是編出一本能夠經受時間考驗的教材。哲學系的本科同學非常需要一本適合自身專業的古代漢語教材，大家共同努力，希望眼前呈現的這本教材能夠滿足這種需要。編寫組成員都是哲學專業出身，並沒有打算將這本古代漢語教材定位爲語言學的工具書，而是專門爲哲學專業的本科同學量身定制，當然它也適合普通的初學者。但作爲一本古代漢語教材，同樣也得接受來自語言學專業的檢驗。編者衷心希望相關專業的專家、學者不吝賜教，給予批評和指正。

曾海軍謹識
癸卯年冬月

圖書在版編目（CIP）數據

古代漢語 / 曾海軍，李秋莎主編. — 成都：四川大學出版社，2024.1（2025.3重印）
中國哲學專業系列教材 / 曾海軍主編
ISBN 978-7-5690-6548-0

Ⅰ.①古… Ⅱ.①曾… ②李… Ⅲ.①古漢語—教材 Ⅳ.①H109.2

中國國家版本館CIP數據核字（2024）第020167號

書　　名：	古代漢語
	Gudai Hanyu
主　　編：	曾海軍　李秋莎
叢 書 名：	中國哲學專業系列教材

選題策劃：	張宇琛
責任編輯：	張宇琛
責任校對：	毛張琳
裝幀設計：	葉　茂
責任印製：	李金蘭

出版發行：	四川大學出版社有限責任公司
	地址：成都市一環路南一段24號（610065）
	電話：（028）85408311（發行部）、85400276（總編室）
	電子郵箱：scupress@vip.163.com
	网址：https://press.scu.edu.cn
印前製作：	四川勝翔數碼印務設計有限公司
印刷裝訂：	四川省平軒印務有限公司

成品尺寸：	145mm×210mm
印　　張：	9
字　　數：	263千字
版　　次：	2024年3月 第1版
印　　次：	2025年3月 第2次印刷
定　　價：	35.00圓

本社圖書如有印裝質量問題，請聯繫發行部調換

版權所有　◆　侵權必究

掃碼獲取數字資源

四川大學出版社
微信公衆號